高等职业教育新商科系列教材

市场营销专业系列

市场营销学实训

主编◎葛晓明 陈 波

SHICHANG YINGXIAOXUE SHIXUN

北京师范大学出版集团
BEIJING NORMAL UNIVERSITY PUBLISHING GROUP
北京师范大学出版社

图书在版编目(CIP)数据

市场营销学实训/葛晓明，陈波主编．—北京：北京师范大学出版社，2020.8

（市场营销专业系列）

ISBN 978-7-303-17708-0

Ⅰ．①市…　Ⅱ．①葛…②陈…　Ⅲ．①市场营销学—高等学校—教材　Ⅳ．①F713.50

中国版本图书馆CIP数据核字(2014)第168551号

营销中心电话　010-58802181　58805532
北师大出版社科技与经管分社　www.jswsbook.com
电子信箱　jswsbook@163.com

出版发行：北京师范大学出版社　www.bnupg.com
北京市西城区新街口外大街12-3号
邮政编码：100088
印　　刷：北京虎彩文化传播有限公司
经　　销：全国新华书店
开　　本：787 mm×1092 mm　1/16
印　　张：9
字　　数：190千字
版 印 次：2020年8月第1版第3次印刷
定　　价：23.00元

策划编辑：周光明　包　彤　　责任编辑：周光明　包　彤
美术编辑：刘　超　　装帧设计：刘　超
责任校对：赵非非　　责任印制：赵非非

前言

《市场营销学实训》的出版，要感谢使用本书的广大学生和教师的认同，感谢北京师范大学出版社的支持。本书在高职教育中已经过近八年的使用，在广大学生和老师的学习体验中不断修改完善。

市场营销学是一门实践性很强的应用学科，涉及经济学、统计学、心理学、管理学、公共关系学等学科，涉及面非常广。市场营销学的理论是在对企业大量经营实践经验的总结基础之上概括和提炼形成的，它源于实践，又反过来指导实践，为实践服务。因此，作为高职教育工作者，如何使市场营销学的理论教学与实践教学结合起来，编者一直在努力探索，编写了高职教育市场营销学科中较早、较完整、较实用的教材，并在实际应用中得到了广大学生和老师的认可。

本书在编写过程中，充分考虑到职业教育的特性，努力突出能力培养的指导思想，以达到实现培养具有一定理论水平和实际技能的职业型人才的目标。为此，本书在编写时根据市场营销岗位工作的实际需要，按照一般任务驱动模式，精选学生职业岗位所需的基础理论知识和基本技术技能，体现学生身心发展及掌握知识的特点，反映社会、政治、经济、科技发展需求的内容。教材体现了社会需要、学科特点和学生职业发展三者有机的统一。

本书共分为九个任务模块，各模块按照知识要求分别提出了相应的任务重点和任务描述。读者可通过对案例的学习和研讨，结合自己的实践经验，学习如何在市场营销的实际工作中正确运用相关的市场营销学知识，真正做到理论与实际相结合。

本书在编写过程中参阅了国内外大量的文献、资料，并直接地或间接地引用了部分相关内容。在此，谨向文献、资料的作者表示衷心的感谢！

借此机会，编者向多年来使用本书的老师、学生和其他读者由衷地表示感谢。他们在使用本书的过程中不断提出创造性的意见和建议，使得编者能够在本书再版时加以改进。此外，还要特别感谢参与编写和校稿的张祖龙、曹菲、钟雪丽、罗琳、王琼、刘炳信、古永平等七位老师。然而，由于编者知识与实践经验的局限性，本书不足之处在所难免，敬请读者批评指正。

葛晓明

目录

开　篇　市场营销学基础 …………（1）
一、相关理论知识 ……………（1）
（一）市场营销学的概念 ………（1）
（二）市场营销观念的演变 ……（1）
（三）市场的概念 ……………（2）
（四）市场营销核心概念 ………（2）
（五）市场分类 ………………（3）
（六）市场需求 ………………（3）
二、案例分析 …………………（4）
三、实训项目 …………………（9）
任务一　市场调研与预测 …………（11）
一、相关理论知识 ……………（11）
（一）市场调研概述 …………（11）
（二）市场调研的类型和步骤 ………………………（12）
（三）市场调研方法 …………（13）
（四）市场预测 ………………（15）
二、案例分析 …………………（17）
三、实训项目 …………………（23）
任务二　产品策略 …………………（25）
一、相关理论知识 ……………（25）
（一）产品的概念与分类 ……（25）
（二）产品组合 ………………（26）
（三）产品生命周期 …………（27）
（四）品牌与品牌策略 ………（28）
（五）包装与包装策略 ………（29）
（六）新产品开发策略 ………（30）
二、案例分析 …………………（31）
三、实训项目 …………………（48）
任务三　市场营销环境 ……………（50）
一、相关理论知识 ……………（50）
（一）市场营销环境的概念与特征………………………（50）
（二）市场营销宏观环境 ……（50）
（三）市场营销微观环境 ……（51）
（四）营销环境对营销活动的影响………………………（52）
（五）市场营销环境分析方法 ………………………（53）
二、案例分析 …………………（54）
三、实训项目 …………………（61）
任务四　市场购买行为分析 ………（63）
一、相关理论知识 ……………（63）
（一）消费者市场 ……………（63）
（二）组织市场 ………………（65）
（三）生产者市场购买行为 …（66）
（四）中间商市场及其购买行为 ………………………（68）
（五）政府市场及其购买行为 ………………………（68）
二、案例分析 …………………（69）
三、实训项目 …………………（71）
任务五　市场选择与进入 …………（73）
一、相关理论知识 ……………（73）
（一）市场细分的概念与原则 ………………………（73）
（二）市场细分的依据 ………（73）
（三）市场细分的方法与步骤 ………………………（74）

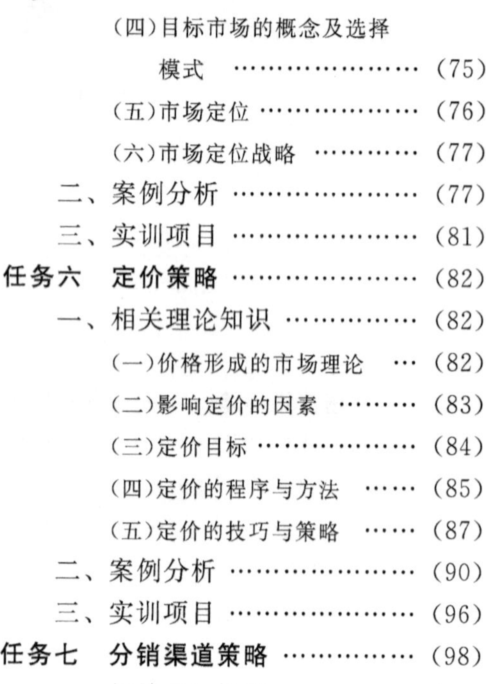

(四)目标市场的概念及选择模式 …………………… (75)
(五)市场定位 ………………… (76)
(六)市场定位战略 ………… (77)
二、案例分析 …………………… (77)
三、实训项目 …………………… (81)
任务六　定价策略 …………………… (82)
一、相关理论知识 ……………… (82)
(一)价格形成的市场理论 … (82)
(二)影响定价的因素 ……… (83)
(三)定价目标 ………………… (84)
(四)定价的程序与方法 …… (85)
(五)定价的技巧与策略 …… (87)
二、案例分析 …………………… (90)
三、实训项目 …………………… (96)
任务七　分销渠道策略 …………… (98)
一、相关理论知识 ……………… (98)
(一)分销渠道职能和类型 … (98)
(二)分销渠道的设计、选择与管理 …………………… (99)
(三)中间商 ………………… (102)
二、案例分析 ………………… (103)
三、实训项目 ………………… (110)
任务八　促销策略 ………………… (112)
一、相关理论知识 …………… (112)
(一)促销与促销组合 ……… (112)
(二)人员推销 ……………… (113)
(三)广告宣传 ……………… (115)
(四)公共关系 ……………… (116)
(五)营业推广 ……………… (118)
二、案例分析 ………………… (119)
三、实训项目 ………………… (125)
任务九　综合训练 ………………… (126)

开 篇 市场营销学基础

一、相关理论知识

(一)市场营销学的概念

1960 年美国市场营销协会给市场营销下的定义是:“市场营销是引导货物和劳务从生产者流向消费者或用户所实施的企业活动。”

美国著名的市场营销学家菲利普·科特勒对市场营销的定义是:“市场营销是个人和群体通过创造,提供出售,并同他人交换产品和价值,以满足需求和欲望的一种社会和管理过程。”

2004 年 8 月,美国市场营销协会对“市场营销”公布了最新定义:“市场营销是一项组织功能,是一系列创造、交流和传递价值给顾客并通过满足组织和其他利益相关者的利益,建立良好的企业顾客关系的过程。”

(二)市场营销观念的演变

1. 生产观念

生产观念是一种最古老的营销观念,19 世纪末 20 世纪初盛行于西方。生产观念是一种重生产、轻市场的观念。在买方市场环境下,也许能创造辉煌,但随着生产的发展、供求形势的变化,这种观念不再适应经济环境的变化。

2. 产品观念

产品观念认为,消费者喜欢高质量、多功能和具有某些特色的产品。因此,企业管理的中心是致力于生产优质产品,并不断精益求精。

3. 推销观念

推销观念是生产观念的延伸,盛行于 20 世纪三四十年代。推销观念认为,除非企业组织大规模的推销和促销,对顾客进行说服和诱导,否则他们不会主动购买。

4. 市场营销观念

市场营销观念又被称为以消费者为中心的观念。该观念以消费者为中心,确立目标市场的需要和欲望,有效地满足目标市场的需求,是在第二次世界大战后美国新的市场形势下,即买方市场全面形成的形势下产生的。

市场营销观念是经营管理思想上的一次根本性的转变,主要表现为以下几点。

①起点不同。传统营销观念从产品生产开始,市场营销观念则从目标市场需求开始。

②中心不同。传统营销观念“以产定销”,市场营销观念“以需定产”。

③手段不同。传统营销观念以广告等手段促销;市场营销观念则要求通过整合营销来满足客户在精神和物质上的需求,以客户为中心。

④利润获取不同。传统营销观念以销售额来评价利润;市场营销观念不但关心销量也关心客户的需求,通过客户的满意度来评价利润。

5. 社会营销观念

社会营销观念是指企业以维护和发展社会长远利益为中心，以求不断开拓市场的一种营销观念。社会营销观念是对市场营销观念的补充和完善。它要求企业在发挥优势、扩大生产和销售、提高产品的市场销售量的同时，必须采取有效保护消费者利益的措施，以提高社会效益。

(三)市场的概念

1. 市场的含义

①市场是商品交换的场所；②市场是商品交换关系的总和；③市场是产品的现实和潜在购买者的总和。

2. 市场的构成要素

①一定量的可供交换的商品；②向市场提供商品的卖方；③有货币支付能力的商品需求者。

从微观角度看，作为一个有现实需求的有效市场，它必须具备人口、购买力和购买欲望三要素。用简单的公式对市场概括如下：

市场＝人口＋购买力＋购买欲望

3. 市场的基本特征

市场的基本特征包括开放性、多元性、自主性与竞争性四个方面。

4. 市场的主要功能

市场的功能包括交换功能、反馈功能与调节功能三个方面。

5. 市场的基本模式

市场的基本模式包括独家垄断市场、寡头垄断市场、垄断竞争市场、完全竞争市场四种模式。

(四)市场营销核心概念

1. 需要

需要是人的基本要求，也是人类经济活动的起点。各种经济活动的目的都是满足人们的不同需要。人的需要可以分为物质上的生理需要和精神上的心理需要，随着人们生活水平的逐步提高，人的需要也在发生变化。

2. 欲望

欲望是指想得到需要的具体满足物的愿望。它表现为想得到的某种“特定物品”或“特定方式”。

3. 需求

需求是指人们有能力购买并愿意购买某个具体产品的欲望。需求必须满足两个条件，即支付能力和购买欲望。

4. 产品

在市场营销学中，产品泛指能够提供给市场交换，用来满足顾客需求和欲望的任何事物，包括有形的商品、无形的服务以及某些新的思想和概念。

值得注意的是，顾客购买需要的产品，并不是为了拥有产品，而是为了享有产品提供的服务，得到某种利益。

5. 价值

价值是指顾客所得与其支出之比。消费者根据价值最大化的原则从众多产品中做出选择，从而达到满足自己需求的目的。必须注意到，真正决定产品价值的因素不是生产成本，而是一种产品或一次服务能给消费者带来的满足。

6. 交换

交换是指通过某种东西作为回报，从别人那里取得所需物的行为。

市场营销交换一般包括以下五个要素：

①至少有两个或者两个以上的买卖(或交换)者；②交换双方都拥有另一方想要的东西或服务(价值)；③交换双方都有沟通及向另一方运送货品或服务的能力；④交换双方都拥有自由选择的权利；⑤交换双方都觉得值得与对方交易。

7. 交易

交易是交换活动的基本单元，也是交换的最基本单位，一般指交换过程中付款交货的环节。需求方要寻找适合的产品或服务，供应方要调查顾客需求，开发生产并向市场提供顾客需要的产品和服务，供需双方还要谈判价格和其他条件以达成交换协议，然后交换才能实现。

(五)市场分类

1. 按照市场的地理位置划分

可以将市场划分为城市市场、农村市场、地方市场；按市场的国域界限划分，可分为国内市场、国际市场。

2. 按照市场上流通的商品属性或用途划分

可以划分为一般商品市场、特殊商品市场和服务市场。一般商品市场包括消费品市场、生产资料市场两大类。

3. 按照市场的竞争程度划分

市场有完全竞争市场、完全垄断市场、垄断竞争市场、寡头垄断市场。

4. 按照构成市场的要素划分

可以划分为商品市场、资金市场、劳动力市场、技术市场、信息市场等。

5. 按照服务对象划分

可以分为消费者市场和生产者市场。

(六)市场需求

市场营销学中，市场需求是指顾客在市场上具有货币支付能力的欲望。了解市场需求绝不是一件轻而易举的事情，需要企业观察影响市场需求的各种因素后做出合理的判断。市场需求可以分为正需求、负需求、无需求三种形式。

1. 正需求

正需求包括潜在需求、退却性需求、不规则性需求、充分需求、过度需求。

潜在需求，是指市场上消费者对某种产品或服务有了明确的需求欲望，而这种产品尚未研制出来，服务尚未开展。

退却性需求，是指市场上对某种产品或服务的需求逐渐减少，出现了动摇或退却的现象。

不规则性需求，是指市场需求量和供应能力之间在时间上或地点上不吻合或不均衡的现象。

充分需求，是指市场上的需求水平和需求时间与企业预期的需求水平和需求时间基本上一致，供需之间大致趋于平衡，这是市场营销的理想状态。

过度需求，是指市场需求超过了企业的供应能力，呈现供不应求的现象。

2. 负需求

负需求包括否定需求、有害需求。

否定需求，是指全部或多数消费者对某些产品或服务不但不产生需求，反而持回避或拒绝态度。

有害需求，是指给消费者利益、社会利益、生产者利益带来危害的需求。

3. 无需求

由于对商品缺乏了解或缺乏使用条件而对产品不感兴趣或漠不关心，既无“正”感觉也无“负”感觉。

二、案例分析

【案例分析一】

麦当劳“0负担”秒杀引关注

“秒杀”现象在网络营销中变得越来越普遍之后，麦当劳新开设的淘宝秒杀店却引起了网友们的关注。因为这一次，麦当劳颠覆了秒杀的传统规则。

“0负担”颠覆传统的秒杀

麦当劳把此次活动冠名为“0负担”秒杀，它实现了对传统秒杀活动的三个颠覆。

颠覆一，优惠券复印有效。众所周知，秒杀之所以能提供具有吸引力的价格，就是因为商品是限量供应的。当其他商家还在为优惠券的防伪问题止步不前时，麦当劳却大大方方地鼓励消费者“复印有效”。虽然一张优惠券带来的价值看上去只有十几元，但是经过反复使用或者与亲戚朋友分享，它的效益却成倍激增。这对消费者来说，无疑是一大惊喜。

颠覆二，优惠券无限量供应。10月8日至21日期间，每天上午10时至11时，下午4时至5时，晚上9时至10时这三个时段，优惠券完全敞开供应。现在的“秒杀”活动正被越来越多的品牌用作聚集眼球、赚取人气的手段，但是一般都是限定一定的数量。麦当劳此次活动一开始便声明不限数量，网友在轻松秒杀的同时，不必背上任何心理负担。

颠覆三，兑换时间长达三周。大多数消费者的体验是优惠券来得容易，用起来难。商家在自己制定的使用规则上往往机关算尽，花样百出。而这张麦当劳的“秒杀”优惠券的使用时间却可从10月8日到28日，每天下午2时一直使用到次日凌晨5时(非24小时餐厅下午2时至营业结束)。既省去了掐算时间的麻烦，又省去了在柜台前排队拥挤的担心。

此次秒杀之所以被冠以“0负担”称号，其实与麦当劳倡导的生活理念——“快乐就是0负担”一脉相承。麦当劳携手徐静蕾，共同倡导这一全新的生活理念，让消费者卸下包袱、舒缓身心，以期享受最简单的快乐。其中，也包括美食的快乐：主打产品板烧鸡腿堡最大的特点就是“0负担”美味。在世界杯期间，麦当劳又充分利用“24小时餐厅”及麦乐送(送餐)的优势，大大加深了在消费者心中的“便利”形象。

概念梳理：“秒杀”，就是网络卖家发布一些超低价格的商品，所有买家在同一时间网上抢购的一种销售方式。由于商品价格低廉，往往一上架就被抢购一空，有时甚至只用一秒钟。网购“秒杀”从无到有、从有到强不过三个月时间。近来，联想、飞利浦、惠普等众多名牌产品也在淘宝网推出“秒杀”，一些价格不菲的电脑只需一元，“秒杀”更是让网购一族为之疯狂。

资料来源：《新快报》，http://baike.baidu.com/view/40300.htm，2010-10-12。

【案例分析二】

“秒杀”概念被商家们运用从无到有、从有到强才一年多时间。“秒杀”原本是网络游戏用语，指的是一招杀死敌人。后来被用来指卖家在网络上发布一些超低价的商品，所有买家在同一时间网上抢购的一种销售方式。2010年8月末的手机淘宝“一元秒车”更让网购一族彻底地疯狂，12月淘宝推出的秒杀成都“一套房产”以及宝马汽车的活动更是把“秒杀”推向了高潮。卖家们通常在商品正式上架前，对商品进行详尽介绍，展示照片、大力宣传商品性价比优势，并将抢购规则呈现在网站上，意欲拉动消费。有的网站还会事先对消费者的询问做出及时的、有针对性的详细解答，使消费者既能够方便地获得足够的商品和购买方式信息，提高其感知控制性，又能够使其感受到人性化、专业化的购前体验。

“并不是所有的商品都适合秒杀。”凌雁管理咨询的创始人和首席咨询师林岳认为，秒杀营销的确可以瞬间聚集人气，提升品牌影响力，但是有些企业在秒杀营销中也会陷入一些误区。

比如，有些噱头很大，并没有把真正的优惠留给消费者，让消费者反而对品牌产生不信任感；商家借秒杀吸引眼球，但是并未与消费者形成良性互动，事后口碑不高；秒杀也许优惠了小部分消费者，但却伤害了大多数老客户，从而导致品牌忠诚度下降。

秒杀不是一种简单的营销活动，商家在秒杀活动前，应当计算准备好成本投入来保证活动的正常进行，这是基本的商业规则，如果商家出现亏损就出尔反尔，只会适得其反。如果商家是以特价商品作为促销吸引消费者，可以将相应的商品组合，延伸更多的购买机会，如果是为了推出新产品，则要在渠道、终端准备充分。

秒杀营销也不是单纯的限时大减价，而应该是一种整合营销手段，尤其是在“秒杀”的前一阶段以及后期，无论是前期策划传播还是建立粉丝群，目的都是为了让“秒杀”有更好的铺垫以及持续性，也只有这样，“秒杀”营销方能达到统合增效的结果。否则，企业品牌很容易“秒杀”不成，反被藐视。

资料来源：《第一财经日报》，http://www.yixieshi.com/b2b/6043.html，2011-01-26。

【案例分析三】

微博打响营销争夺战

——名人VS草根谁笑到最后？

新浪模式成“标杆”

四大门户中，新浪开展微博业务的时间最早，微博商业化的进程也最快，因此新浪模式也成了大家探索微博的“标杆”。

新浪微博与中粮集团、伊利、摩托罗拉、诺基亚等许多厂商合作，利用微博主动性传播的特性，展开了一些试验性的营销活动。以伊利营养舒化奶为例，新浪微博用户群中的庞大球迷有着高素质、高学历、高收入的特点，这与伊利营养舒化奶的目标消费群体有很大的重合度。伊利的广告代理商华扬联众伊利组客户总监唐珩表示：“此前还没有广告主尝试过微博营销，伊利敢于第一个吃螃蟹，就是要利用这个新的应用和平台引起消费者关注，提升营养舒化奶的认知度和产品利益点，与消费者进行深度沟通。”截至 2010 年 7 月 13 日，伊利营养舒化奶微博“活力宝贝”的粉丝多达 75192 人，发表微博 3195 条，成为新浪企业、公司类微博的冠军。

另一大门户——搜狐微博，则是利用搜狐其他资源与各名牌进行深度合作，如中国电信、阿迪达斯、百威啤酒、海尔等一线知名品牌企业，都在世界杯期间进行了密集的广告投放，微博也是其中一个环节，如针对学生和刚跨入职场的年轻人，联想与搜狐在世界杯期间共同打造了世界杯主题活动《司马 TA 燃情世界杯》，主打情感牌“你最想和谁一起看球”，并通过搜狐博客、搜狐微博、搜狐社区以及搜狐白社会，上传忆旧文字或图片，以丰厚的奖品吸引网友参与。微博在整个搜狐业务体系中扮演了纽带的角色。

被视作“草根派”的网易也在微博营销上进行了尝试，并与网易王牌的邮箱业务捆绑，如东风风神汽车的“我是车王”活动，在网易微博上便吸引了众多车主参与。网易微博负责人介绍，网易在微博营销上的尝试很注重草根用户的参与，以草根用户关心的内容吸引眼球。同样走草根路线的还有腾讯，借助 QQ 平台的广泛用户基础，腾讯微博也往话题性发展，如“取消公务员考录加分”的讨论便是草根话题的典型代表。

研究微博营销的缔元信(万瑞数据)网络营销专家曹芳华表示，目前微博营销的模式离不开广告，包括用户之间的口碑传播，以及广告主在微博平台上设立的官方认证微博，以此作为与消费者沟通的平台。

名人草根谁主沉浮

曹芳华表示，在微博营销中，某种意义上名人充当了微博世界的意见领袖，因为他们传播的信息能够更为广泛地传播，“粉丝们”更容易接受名人推荐的产品和服务，这也是目前新浪微博营销的主题思路；但是这并不代表“草根派”就没有了机会，如果草根的话题具有群体代表性，能够激发受众的共鸣，一样可以广泛地传播。“微博影响力的发挥在于对每个草根用户的参与性的激发，通过草根用户的参与、互动，发挥长尾效应。因此以名人效应为核心的微博平台受众参与度是有限的，而真正具有生命力的微博平台应该是基于用户黏度和对草根力量的挖掘的平台。”

资料来源：董毅，洪文峰：《新快报》，2010-09。

【案例分析四】

微博出现的时间不长，就能在短时间内聚集大量人气被许多公司看中并尝试参与其中，但这并不容易，简单地或单纯地利用微博进行宣传并不能获得消费者的认可，更可能产生厌恶情绪。微博最大的功能在于互动，诸如回答粉丝的提问，特别收听行业知名人士，给粉丝私信，最大途径最大化和粉丝交流，和行业知名人士交流，能够让对方记住你。尤其获得一个行业著名人士的转载和关注，那么将会为你带来更大的收获。

微博真正的生命力来自于草根的认可与互动，所以当具有一定量的微博粉丝之后，我们就可以适当策划一些活动去推广企业产品或者品牌。

1. 策划

在策划环节，我们可以策划一些粉丝最为感兴趣的话题，又或者就互联网的一些热门话题等作为切入点。让粉丝参与的方式一般有：

A. 抢沙发

B. 有奖问答

C. 原创征文

D. 关注有奖

2. 运营

当微博营销活动发起后，就需要官方微博很好地参与进来，引导微博粉丝的一个正确导向，不偏离活动主题，监控一些负面信息，引导、放大正面信息等；适当和粉丝互动，及时回复粉丝的留言。

控制活动的周期，尽可能地延长活动的周期，通过扩大抽奖面，增加抽奖机会，增加抽奖奖项等办法都可以延长活动周期。

3. 推广，口碑推广

有条件的企业还可以在微博搞活动期间投放一些互联网广告和传统广告，很好地和这次活动配合起来，这样往往会收获意想不到的效果。

4. 二次转发，比活动更重要

当粉丝获得奖品后会展示，或者发表获奖感言等。粉丝也会介绍自己的好朋友、同事等参与进去。决定粉丝是否再次传播的前提是：①主办方是否有要求；②奖项是否足够诱人，以至于粉丝自发为你做宣传。

微博既是以信息为纽带，同时也是以家人关系为纽带组织在一起。粉丝的二次宣传的力量是巨大的，常人难以想象。

资料来源：张伟彬：《企业如何进行微博营销分析》，http://abc.wm23.com/zhangweibin163/80191.html，2011-05-24。

【案例与思考一】

搜狐视频：激发电视剧的网络传播力

你会选择传统的方式，按时按点地守在电视机前等着看自己喜欢的电视剧，还是选择在网上随心所欲地看自己喜欢的影视节目？

如果是忙忙碌碌的白领一族、高校在校学生，或追求新鲜潮流的“90后”，毫无疑问他们会选择后者。现今中国网民规模已达到3.84亿，普及率达31.8%，随着更多的国内影视剧在互联网与电视台的同步播出，越来越多的用户也将互联网当成影视剧的主要收视渠道。

2010年以来，网络视频的用户和播放量出现加速增长的井喷姿态。2009年，网络视频播放量超过1亿次的影视剧还寥寥无几，2010年至今，《乡村爱情故事3》《媳妇的美好时代》《手机》等多部影视剧网络播放量均突破1亿大关，独播剧《杜拉拉升职记》6月在搜狐视频播出时，14天播放量便突破1亿。更甚者，《婚姻保卫战》在搜狐视频独

家播放15天后，播放总量超过2亿，成为中国网络视频历史上最短时间冲破“2亿”播放量的电视剧。

据《婚姻保卫战》监测数据显示，《婚姻保卫战》用户平均每天观看超过4.1集，播放总时长超过7200万小时，该剧在搜狐视频单天的用户数已经可媲美首播的卫视，峰值接近500万，单天的视频播放量峰值更是达到2000万。由此可见，网络视频已快速进入与电视台相庭抗争的局面。

网络独播剧的模式已逐渐成熟，越来越多的广告主意识到网络独播剧强大的受众人群传播力，搜狐视频独家播放的《婚姻保卫战》便获得康师傅、白洋药业、中国人寿、蒙牛等多家广告客户的投放，从而成为搜狐视频开播以来，获得最多广告品牌投放的剧目。

其中，此前较少在网络视频进行广告投放的快消品牌康师傅，更是破例为该剧网络播放平台腾出预算。搜狐视频主编于涛表示：“现在搜狐视频影视热播剧广告位已经接近爆满，我们很多心思都花在研究效果好，同时又不伤害用户体验的广告模式上。”

《婚姻保卫战》在网络平台上取得的超强播放量和广告收入，除了剧作本身的高品质，更得益于搜狐视频不断创新的独播剧营销模式。创新的营销模式，依托搜狐矩阵资源构建的媒体平台及Wed 2.0互动平台，可将剧目本身的影响力通过图文推送和网友互动等多种模式无限扩大。这也是导致搜狐视频热播剧模式逐渐成熟，并成为国内最为领先的热播剧发布平台的重要原因。

搜狐视频此前一直致力于网络影视独播剧模式的探索，获得了包括《杜拉拉升职记》《婚姻保卫战》在内的众多优质影视剧独家网络播放权利，搜狐视频也因此获得了广大用户的认可，据全球知名互联网流量监测分析机构comScore最新发布的数据显示，今年6月搜狐视频排名门户网站第一，并连续两个月在国内视频网站视频播放量统计中位居第三，月视频播放总量突破10亿次。

整个视频行业已经形成了良性循环发展——内容有竞争力，吸引更多的观众，观众再创造广告价值，用户对网络视频的依赖度和忠诚度的提高则成为广告价值的来源。艾瑞咨询研究显示，2010年Q2在线视频行业市场规模环比增长了65.3%，达到9.8亿，预计全年整个行业的总收入将达到53亿元左右。优质内容是促进中国在线视频行业发展的基础，未来随着内容的多元化发展，中国在线视频行业的增长还将继续加快。

资料来源：朱岚：《搜狐视频：激发电视剧的网络传播力》，http://www.cmmo.cn/article-41040-1.html，2010-10-22。

思考题

1. 本案例中，欲望、需要和需求分别是什么？需求如何被探测到？

2. 市场目标群体是谁？如何定义的？

【案例与思考二】

文化品牌营销为何成为市场营销新亮点

2010年6月，欧派启动首届“中国国际家居文化节”。在文化节期间，举办以健康、环保、文化为主题的家居活动，融入文化、环保的营销概念倡导更为健康的生活方式，受到消费者一致欢迎，从而在一片喊“价”声中脱颖而出。

马会家居在同年7月份启动了“家居嘉年华”系列活动，通过“阳光家庭DIY大作战”“民族记忆·阳光艺术节”等一系列旨在融入家庭亲子活动、艺术鉴赏等文化品味宣传活动，为卖场营造了一种悠闲气氛，该系列活动获得高人气，促进了现场的销售。

这类文化品牌营销在家装家具市场还有其他的活动亮点。例如富林地板计划推出的“买地板送奔驰、iPad”的活动便独树一帜：一般买家具的赠品很少用到高端知名的产品，而富林此举另辟蹊径，通过时尚高端的赠品，来突显本身产品的定位和形象。一改木地板在人们心中是“半成品”的刻板印象，让原本朴实的建材产品成为一种时尚消费品。对此富林地板董事长张杰强表示，随着近几年商业模式的变化，更为多元的营销手段将成为商家的着力点，谋求新的市场诉求成为家居行业必争的制高点。自2010年以来，富林推出的几个营销手段都围绕着中高端地板定位，旨在提高其在木地板行业的影响力。此举在广州打开了木地板营销的新视角，获得了良好的市场反应。

2010年上半年，富林地板率先推出了“八钻”地板，以每平方米8888元的天价在城中引起广泛关注，在众商家纷纷往低价走时，反其道而行，率先占领高端市场，随后又宣布，在全国范围内投资1.5亿元对所有门店进行体验升级，其中就包括了斥资500万的广州拉斐尔体验馆，将文化、美学融入地板营销，带给消费者高端的消费体验。而最近，富林又将顺势推出“买地板送奔驰、iPad”的“去销售”的销售方式，以时尚消费方式吸引消费者。

什么是“去销售”？

“去销售”是指去除纯粹以单一销售为导向的营销模式，以新的营销模式突围价格战，重塑多元价值链。

张杰强认为，仅在地板行业价格促销这一单一领域内扩张，其边际成本会逐步提高，边际收益则会逐步减少，而增长幅度也会逐步收窄。单一地为销售而销售的营销模式，已经不适合市场需求。而富林此举采取“去销售”的手段，不仅提供产品本身的使用价值，更为消费者构建高层次的生活享受，满足消费者的心理需求。

就像越来越多的卖场趋向于走一站式购物的路线，注重购物感受、为消费者提供一种生活方式也成为商家们越来越注重的营销手段。在价格营销占尽主流的同时，文化营销、品牌营销的出现也为市场带来新气象。

资料来源：曹菲改编，原文出自林恒华：《新快报》，2010-09。

思考题

1. 营销方式只打“价格”牌为什么不再适合当今社会的需求？

2. “去销售”属于哪种营销观念？它体现出什么特点？

三、实训项目

1. 实训任务

(1)学生分组，每组人数为4～6人，成立相应的项目小组。

(2)认真学习相关的基础理论知识，并对案例进行分析、讨论。

(3)在结合自身生活经验的基础上，分析自己或同学们经常使用或偶尔使用的产品，讨论其在使用过程中存在的不足之处。

2. 实训要求

在发现现有产品不足的前提下，分析造成产品不足的原因何在，并在小组内充分探讨解决不足的方法，最后形成改进后的新产品。

要求能具体地表述出产品的改进措施和改进方法。

3. 实训评价

工作任务	技术技能要求	分项评语
团队分工合作	要求积极参与，各尽所长、各负其责，既有分工，又要注重与人合作、交流沟通。	
商讨方案	要求小组成员集思广益、充分交流沟通，凝聚共识，个人服从小组决定。	
与人交流	与任务相关的知识和信息，语言交流的艺术和技巧，总结性语言运用的技巧。	
自我学习	积极地寻求和利用有关方面的反馈和配合，以实现目标。重点保证并采取有利于实现目标的行动。	
创新能力	客观分析事物发展与需求之间的矛盾关系，提出独特的改进措施的创新点和意见，充分运用创新需要的信息和资源。	
解决问题	选择不同的方式来揭示问题的性质、细节和特点，并对同类问题进行比较，核查影响问题的可变因素，从不同角度提出认识问题的观点。	

4. 自我总结

5. 教师评价

任务一　市场调研与预测

一、相关理论知识

(一)市场调研概述

1. 市场调研的概念

广义的市场调研包括从认识市场到制定营销决策的全过程。如产品分析，从商品的使用及消费角度对产品的形态、大小、重量、美观、色彩、价格等进行分析，同时对销售的途径、市场营销的方法、销售组织、经销人员的培训、广告作用、促销活动等问题进行分析。

美国市场营销协会(AMA)把市场调查定义为，一种通过信息将消费者、顾客和公众与营销者连接起来的职能。这些信息用于识别和确定营销机会及问题，产生、提炼和评估营销活动、监督营销绩效，改进人们对营销过程的理解。

我们认为，市场调查就是以科学的方法、客观的态度，明确研究市场营销有关问题所需的信息，有效地收集和分析这些信息，为决策部门制定更加有效的营销战略和策略提供基础性的数据和资料的过程。

2. 市场调研的内容

(1)基本调研

①调研市场需求情况。市场商品需求是指一定时期消费者在一定购买力条件下的商品需求量。居民购买力是指城乡居民购买消费品的货币支付能力。

②调研生产情况。调研生产情况就是要摸清社会产品资源及其构成情况，包括生产规模、生产结构、技术水平、新产品试制投产情况、生产力布局、生产成本、自然条件和自然资源等生产条件的现状和未来规划，并据此测算出产品数量和产品结构及其发展变化趋势。

③调研市场行情。调研市场行情就是具体调研各种商品在市场上的供求情况、库存状况和市场竞争状况，特别是影响市场商品价格运动的因素，供求关系运动对商品价格的影响。

(2)专项调研

①市场环境调研。市场环境是影响企业市场营销的宏观市场因素，一般为企业不可控制的因素。市场环境调研主要包括以下内容：政策法规调研、经济状况调研、社会环境调研、社会时尚调研、科技发展动态调研、自然环境调研。

②市场需求调研。市场需求调研主要是指调研本企业的总体市场和各种商品的市场需求量。市场需求包括现实需求和潜在需求两个方面。现实需求是指用户已经意识到、并有能力购买，且准备购买某种商品的要求；潜在需求是指用户已经意识到、但目前由于种种原因还不能购买某种商品的要求。

③产品调研。产品调研主要是产品的市场需求调研，它着重了解市场需要什么产品，这种产品需求量是多少等。因此，产品调研是市场需求预测的重要依据。现代企业生产在产品的调研对象、具体内容和侧重点上各有不同，但调研的内容不外乎有以下几个方面：产品生命周期，产品形式部分，包括质量、产品售前和售后的服务工作，分析老产品的性能，研究如何改进老产品、大力开发新产品，对竞争者的产品进行比较和分析。

④市场竞争调研。市场竞争调研就是对企业某种产品在市场上竞争能力的调研。市场竞争调研的内容是多方面的，它包括产品品种、质量、价格、交货期、零配件供应、技术服务、包装装潢以及推销方式等。市场竞争调研主要包括以下两个方面：产品竞争能力调研以及同类产品水平与经营特点调研。

⑤消费者调研。购买本产品的消费者是个人还是团体，其性别、年龄、职业、居住区域、收入水平、消费结构，谁是主要购买者，谁是使用者，谁是购买决策者，消费者的欲望和动机，影响消费者购买决策的因素，消费者的购买习惯等，这些都是消费者调研的重要内容。

(二)市场调研的类型和步骤

1. 市场调研的类型

(1)探索性调研

探索性调研是对企业或市场上存在的不明确的问题进行调研。

(2)描述性调研

描述性调研是对市场上存在的客观情况如实地加以描述和反映的调研，并从中找出各种因素的内在联系。

(3)因果性调研

因果性调研是对市场上出现的各种现象之间或问题之间的因果关系进行调研，目的是找出问题的原因和结果。

(4)预测性调研

预测性调研是对未来市场需求变化及其趋势进行估计的调研。预测性调研是否科学与准确，关系到企业生产经营的方向正确与否，关系到企业能否掌握市场的主动权。

2. 市场调研的步骤

市场调研的步骤是指对一项正式的市场调查从调查准备到调查结束的全过程的工作。

(1)确定调查任务

确定调查任务是调研过程的起点，也是调研过程中最重要和最困难的问题。只有任务明确，才能为调查决定方向，使调研人员的调研活动有明确的目的，区别收集的数据是否恰当适用。

(2)选定调研方法

调研方法属于技术性问题。调研方法的正确与否，对调研结果会产生很大的影响。

(3)选定样本

在确定调查任务和调研方法的同时，调查者必须确定被调查对象，并从其总体中选取一部分有代表性的对象作为样本。

(4)制订调研计划

制订调研计划是市场调研的行动纲领，其内容必须具体，一般应包括：调研目的；数据的收集和处理；调查的内容；调查的方法与技术；调查日程安排；经费估计以及人员的安排。

(5)实地调查

实地调查就是调查人员按计划规定的时间、方法、内容进行具体实地调查，收集所需的资料。

(6)整理分析资料

整理分析资料就是把调查收集到的资料进行整理和统计分析。调查所收到的资料是零散的，其中一些资料可能是片面的、不真实的，这就有必要对资料加以整理和分析，严格筛选，去粗取精，去伪存真，以保证资料的系统完整和真实可靠。在对资料进行整理时，要检查资料是否存在不全、重复、有差错、前后矛盾等问题。

(7)写出调查报告

调查报告是调研结果的文字形式，是用事实材料对所调查的问题做出系统的分析说明，提出结论性的意见。

(三)市场调研方法

1. 直接调查法

直接调查法也称原始资料调查法或一手资料调查法，是最基本的也是最常用的一种调查方法，它可分为询问法、观察法和实验法。

(1)询问法

询问调查法，是指调查人员通过口头语言或者书面语言的方式，以见面、问卷、电话或互联网等方式，向被调查者询问，以此收集所需要的市场资料的方法。

根据调查者与被调查者接触方式的不同，询问调查法又可分为面谈询问法、邮寄访问法、电话或因特网访问法、留置访问法等。

(2)观察法

观察法是通过观察被调查者的活动取得第一手资料的一种调查方法。运用观察法收集资料，调查人员同被调查者可以不发生接触，而是由调查人员直接或借助仪器把被调查者的活动按实际情况记录下来。

(3)实验法

实验法是指在市场调查中通过小规模的试验来了解企业产品在市场上的适应情况，取得资料，分析总结市场情况的调查方法。这种调查方法的优点是：方法科学，通过小规模试销，能够比较准确地看出未来销售的趋势。缺点是：实验所需时间较长，费用较高；选择做实验的市场不一定具有典型性；可变因素难以把握；实验的结果也不易比较。

2. 文案调查法

文案调查法又称资料查阅寻找法、间接调查法、资料分析法或室内研究法。它是利用企业内部和外部现有的各种信息、情报，对调查内容进行分析研究的一种调查

方法。

文案调查要求更多的专业知识、实践经验和技巧。这是一项艰辛的工作，要求有耐心、创造性和持久性。调查必须选用科学的方法，调查方法选择恰当与否，对调查结果影响甚大。

文案调查法收集的资料主要有以下几类。

(1)内部资料

内部资料的收集主要是收集调查对象活动的各种记录，主要包括以下四种。

①业务资料，包括与调查对象活动有关的各种资料，如订货单、进货单、发货单、合同文本、发票、销售记录、业务员访问报告等。

②统计资料，主要包括各类统计报表，企业生产、销售、库存等各种数据资料，各类统计分析资料等。

③财务资料，是由企业财务部门提供的各种财务、会计核算和分析资料，包括生产成本、销售成本、各种商品价格及经营利润等。

④企业积累的其他资料，如平时剪报、各种调研报告、经验总结、顾客意见和建议、同业卷宗及有关照片和录像等。

(2)外部资料

①统计部门以及各级、各类政府主管部门公布的有关资料。

②各种经济信息中心、专业信息咨询机构、各行业协会和联合会提供的信息和有关行业情报。

③国内外有关的书籍、报纸、杂志所提供的文献资料，包括各种统计资料、广告资料、市场行情和各种预测资料等。

④有关生产和经营机构提供的商品目录、广告说明书、专利资料及商品价目表等。

⑤各种国际组织、学会团体、外国使馆、商会所提供的国际信息。

⑥国内外各种博览会、展销会、交易会、订货会等促销会议以及专业性、学术性经验交流会议上所发放的文件和材料。

(3)互联网资料

互联网的发展使信息收集变得容易，从而大大推动了调查的发展。过去，要收集所需情报需要耗费大量的时间，奔走很多地方。今天，文案调查人员坐在计算机前便能轻松地获得大量信息。只要在正确的地方查寻就可能找到相关信息，而且许多宝贵的信息都是免费的。

3. 问卷调查法

问卷调查法是指运用专门设计的调查问卷方式，让一部分被调查者按照调查问卷要求，在规定的时间内填写调查问卷，并通过调研人员对调查问卷整理汇总的方式，来取得市场信息的一种调查方法。

调查问卷，是指事先根据调查目的或调查课题要求而设计出的一种有针对性的问卷。调查问卷的设计是否科学，直接关系到收集信息的质量。

(1)调查问卷的构成。调查问卷包括：①被调查者的基本情况；②调查内容本身；③调查问卷的说明；④编号。

(2)调查问卷的题型。①是非题；②多项选择题；③自由回答题；④程度评定题；

⑤顺位题。

4. 抽样调查

抽样调查，是指从市场母体中抽出一部分子体作为样本，对样本进行调查，然后根据样本信息，推算市场总体情况的一种调查方式。抽样调查是市场调查的基本形式，它的主要好处是：工作量小，调查费用低，花费时间短。常用的抽样方法主要有随机抽样调查和典型调查。

(1)随机抽样调查

这种方法在市场调查中经常采用。在随机抽样中，样本的确定不受人们主观意志的支配，而是采取一定的统计方法进行抽取，总体中的每一个个体都有被抽取的机会。随机抽样主要包括单纯随机抽样、分层抽样、等距抽样和群体抽样等方法。

(2)典型调查

典型调查，就是根据调查的目的，从市场总体中按照主观分类原则选取一些具有典型意义的、有代表性的单位作为调查对象。

(四)市场预测

1. 市场预测概述

(1)市场预测的概念

所谓预测，就是根据过去和现在的已知因素，运用已有的知识、经验和科学方法，对与人们切身利益有关的事物的未来发展趋势做出估计和推测。

所谓市场预测，就是运用科学的手段和方法，在市场调查的基础上，根据所获得的市场信息，对市场未来的发展趋势做出估计和判断的过程。

(2)市场预测的原则

①惯性原则。所谓惯性原则，就是从时间上考察事物的发展，其各个阶段具有连续性。辩证唯物主义认为，任何事物在经历由量变到质变的过程中，具有时间上的连续性，在性质、数量、范围等方面存在着继承性和变异性。事物在经历量变过程时，继承性占主导地位，事物在性质上没有发生根本性变化，仅在数量和范围上有所增减，这就为预测事物的发展提供了极大的可能性。

②相关原则。世界上任何事物的发展都是互相联系、互相依存、互相制约的，未来市场需求的发展与周围诸多因素及其发展有关。消费者或用户对某种商品的需求，通常受到他们的消费习惯、购买力、生活背景、价格、广告和促销手段以及其他商品价格和促销力度等因素的影响。通过分析这些因素之间以及它们对市场需求的影响关系，可以建立起一种能反映市场需求变化规律的因果分析框架，或者说因果预测模型，进而依据消费习惯、购买力、生活背景、价格、促销等资料，来预测未来一定时期的市场需求。

③类推原则。世界上的事物千差万别，每一种事物都存在于特定的环境中，都有其特殊的运动规律。但世界上的事物又处在普遍的联系之中，同类事物间又存在着普遍适用的运动规律。即使不同的事物之间，也常常存在某些相似或类同点。只要掌握了事物发展变化的普遍规律，再结合具体事物所处的环境条件和具体特点，认识具体事物的特殊运动规律是完全能做得到的。所谓“举一反三”“依此类推”讲的就是这个

道理。

2. 市场预测的内容

(1)市场需求预测

市场需求预测是通过对过去和现在商品市场的销售状况和影响市场需求的各种因素进行科学的分析和判断，来预计市场对商品的需求以及未来市场发展趋势。

(2)市场销售预测

市场销售预测是企业对各种产品销售前景的预测，包括对销售的产品品种、规格、价格、销售量、销售额、销售利润等方面变化的预测。

(3)市场占有率预测

市场占有率预测，就是在一定时期内对某种产品或某类产品需求量的变化趋势的预测。市场占有率预测实际上是企业竞争能力的预测。

(4)竞争预测

竞争预测，是指企业对老竞争对手的生产水平、经营方针、发展趋势等进行预测和对潜在竞争对手进行的预测。

(5)科技发展预测

科技发展预测，是指通过对科学技术的发展状况进行定性和定量的科学分析，以认识和掌握科学技术的发展规律，推测科学技术在未来发展的方向以及对产品发展的影响程度。

(6)市场资源预测

市场资源预测是对资源保障程度和发展趋势的预测。主要包括以下几方面的内容：原材料供应的保证程度、能源的保证程度、使用新材料的可能性、资源综合利用的可能性及其发展趋势。

3. 市场预测的步骤

市场预测的过程就是对各种调查资料按预测目的和要求进行整理、计算和分析的过程。通常包括明确预测的目的、收集和整理调查资料、选择预测方法、写出预测报告、评价和修正预测结果等步骤。

(1)明确预测的目的

确定预测目的，就是确定预测的内容以及要达到的目的，它根据各个时期的任务和所要解决的问题来确定。

(2)收集和整理调查资料

资料收集范围应根据预测目标来确定，预测人员在收集资料和进行编辑、整理资料的过程中，要力求保证资料的准确性、系统性和完整性。这样才能保证预测结果的精确和可靠。

(3)选择预测方法

常用的预测方法有市场调研预测法、经验判断预测法、时间序列预测法和回归分析预测法。

(4)写出预测报告

预测报告应包括预测的目标、预测的前提、预测的方法、预测值、误差的范围以及建议现在或今后应采取的决策，并尽可能利用统计图表及数学方法予以精确表述。

预测报告要求数据真实准确，论证可靠，建议切实可行。对预测的指标、预测资料、预测的过程等应做出简要的说明。

(5)评价和修正预测结果

预测是对未来事物的估算，所以很难完全与实际情况一致，因此必须对预测结果进行认真分析和评价。

4. 市场预测的方法

(1)定性预测法

定性预测法，也叫经验判断法或直观判断法，是对预测目标的性质进行分析，用以测定和推断预测对象未来的发展性质及其发展趋势。这种方法主要是依靠直观材料及个人经验进行主观判断。其缺点是带有主观片面性，受预测者水平高低的影响，难以提供准确的定量判断数据；优点是适合于任何部门或企业，简便易行，省钱省时。

(2)定量预测法

定量预测法又叫数量预测法，它是根据市场调查所获得的数据资料，运用数学或统计方法进行推算，得到预测结果的一种预测方法。定量预测法根据市场变化的量的规律性，借鉴统计学和数学等学科的研究方法，同时借助电子计算机等工具进行预测，使预测结果具有科学性、严密性和一定的准确性。常用的定量预测法有时间序列预测法和统计分析法。

二、案例分析

【案例分析一】

市场调查的成与败——宝洁润妍洗发水

润妍是宝洁旗下唯一针对中国市场原创的洗发水品牌，也是宝洁唯一利用中国本土植物资源的系列产品。曾几何时，润妍被宝洁寄予厚望，认为它是宝洁全新的增长点；曾几何时，无数业内外人士对它的广告与形象赞不绝口；曾几何时，我们认为又到了黑发飘飘的春天……但 2002 年的时候润妍已经全面停产，退出市场，润妍怎么了？润妍上市前后的两三年里，中国洗发水市场真“黑”：联合利华的黑芝麻系列产品从“夏士莲”衍生出来，成为对付宝洁的撒手锏；重庆奥妮则推出“新奥妮皂角洗发浸膏”强调纯天然价值，融合“何首乌”“黑芝麻”“皂角”等传统中草药之精华；伊卡璐把其草本精华系列产品推向中国；河南民营企业鹤壁天元也不失时机地推出“黛丝”黑发概念的产品……市场上一度喊出终结“宝洁”的声音。在外界看来一片“砂砾”般的问卷调查，宝洁却能从中看出“金子”：真正坚定调查员信心的是被访者不经意的话——总是希望自己“有一头乌黑的秀发，一双水汪汪的大眼睛”——这不正是传统东方美女的形象吗？

宝洁在润妍上市前做了大量的市场调查工作。“蛔虫”调查——零距离贴身观察消费者。一个称为“贴身计划”的商业摸底市场调查静悄悄地展开。时任“润妍”品牌经理的黄长青等十几个人分头到北京、大连、杭州、上海、广州等地选择符合条件的目标消费者，和他们 48 小时在一起生活，进行“蛔虫”式调查。从被访者早上穿着睡衣睡眼蒙眬地走到洗手间，开始洗脸梳头，到晚上洗发卸妆，女士们的生活起居、饮食、化

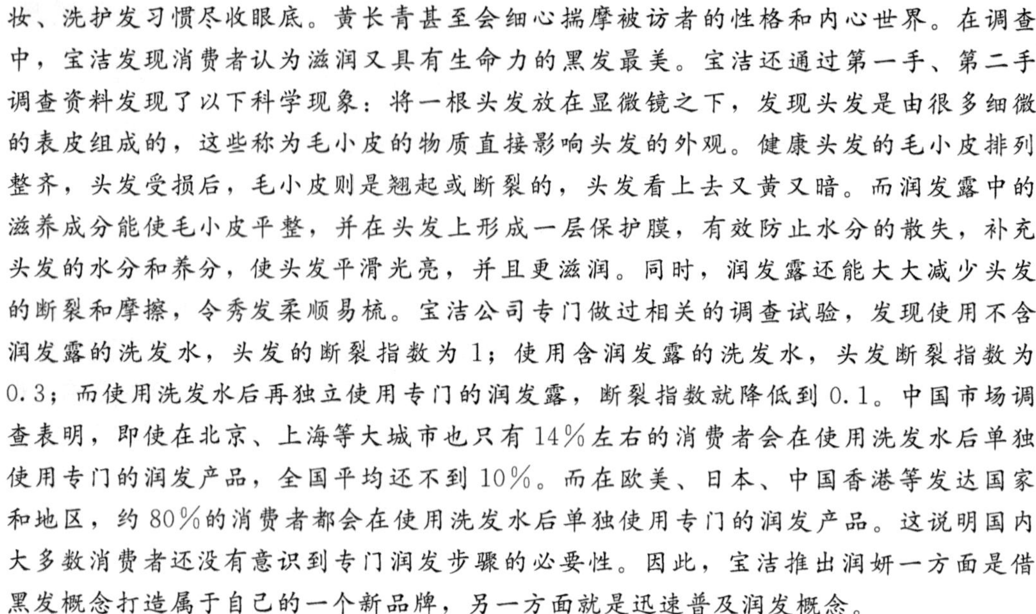

妆、洗护发习惯尽收眼底。黄长青甚至会细心揣摩被访者的性格和内心世界。在调查中，宝洁发现消费者认为滋润又具有生命力的黑发最美。宝洁还通过第一手、第二手调查资料发现了以下科学现象：将一根头发放在显微镜之下，发现头发是由很多细微的表皮组成的，这些称为毛小皮的物质直接影响头发的外观。健康头发的毛小皮排列整齐，头发受损后，毛小皮则是翘起或断裂的，头发看上去又黄又暗。而润发露中的滋养成分能使毛小皮平整，并在头发上形成一层保护膜，有效防止水分的散失，补充头发的水分和养分，使头发平滑光亮，并且更滋润。同时，润发露还能大大减少头发的断裂和摩擦，令秀发柔顺易梳。宝洁公司专门做过相关的调查试验，发现使用不含润发露的洗发水，头发的断裂指数为1；使用含润发露的洗发水，头发断裂指数为0.3；而使用洗发水后再独立使用专门的润发露，断裂指数就降低到0.1。中国市场调查表明，即使在北京、上海等大城市也只有14%左右的消费者会在使用洗发水后单独使用专门的润发产品，全国平均还不到10%。而在欧美、日本、中国香港等发达国家和地区，约80%的消费者都会在使用洗发水后单独使用专门的润发产品。这说明国内大多数消费者还没有意识到专门润发步骤的必要性。因此，宝洁推出润妍一方面是借黑发概念打造属于自己的一个新品牌，另一方面就是迅速普及润发概念。

使用测试——根据消费者意见改进产品。根据消费者的普遍需求，宝洁的日本技术中心随即研制出了冲洗型和免洗型两款“润妍”润发产品。产品研制出来后并没有马上投放市场，而是继续请消费者试用测试，并根据消费者的要求，再进行产品改进。最终推向市场的“润妍”是加入了独特的水润中草药精华、特别适合东方人发质和发色的倍黑中草药润发露。

包装调查——设立模拟货架进行商店试销。宝洁公司专门设立了模拟货架，将自己的产品与不同品牌特别是竞争品牌的洗发水和润发露放在一起，反复请消费者观看，然后调查消费者究竟记住和喜欢什么包装，忘记和讨厌什么包装，并据此做进一步的调查与改进。最终推向市场的“润妍”倍黑中草药润发露的包装强调专门为东方人设计，在包装中加入了能呈现独特的水润中草药精华的图案，包装中也展现了东西方文化的融合。

广告调查——让消费者选择他们最喜欢的创意。宝洁公司先请专业的广告公司拍摄一组长达6分钟的系列广告，再组织消费者来观看，请消费者选择他们认为最好的3组画面，最后，概括绝大多数消费者的意思，将神秘女性、头发芭蕾等画面进行再组合，成为“润妍”的宣传广告。广告创意采用一个具有东方风韵的黑发少女来演绎东方黑发的魅力。飘扬的黑发和少女明眸将“尽洗铅华，崇尚自然真我的东方绝美”表现得淋漓尽致。广告片的音乐组合也颇具匠心，现代的旋律配以中国传统的乐器如古筝、琵琶等，进一步呼应“润妍”产品现代东方美的定位。

网络调查——及时反馈消费者心理。具体来说，利用电脑的技术特点，加强润妍Logo的视觉冲击力，通过Flash技术使飘扬的绿叶(润妍的标志)在用户使用网站栏目时随之在画面上闪动。通过润妍品牌图标链接，大大增加润妍品牌与消费者的互动机会。润妍是一个适合东方人用的品牌，又有中草药倍黑成分，所以主页设计上只用了黑、白、灰、绿这几种色，但以黑、灰为主，有东方的味道。网站上建立紧扣“东方美”“自然”和“护理秀发”等主题的内容，加深润妍品牌联想度。通过实时反馈技术，可以知道消费者最喜欢什么颜色、什么主题等。

区域试销——谨慎迈出第一步。润妍的第一款新产品是在杭州面市，在这个商家必争之地开始进行区域范围内的试销调查。其实，润妍在选择第一个试销地区时费尽心思。杭州是著名的国际旅游风景城市，既有深厚的历史文化底蕴，富含传统的韵味，又具有鲜明的现代气息，受此熏陶兼具两种气息的杭州女性，与润妍要着力塑造的现代与传统结合的东方美女形象一拍即合。

委托调查——全方位收集信息。此外，上市后，宝洁还委托第三方专业调查公司做市场占有率调查，通过问卷调查、消费者座谈会、消费者一对一访问或者经常到商店里看消费者的购物习惯，全方位收集顾客及经销商的反馈。市场调查开展了三年之后，意指"滋润"与"美丽"的"润妍"正式诞生，针对18～35岁女性，定位为"东方女性的黑发美"。润妍的上市给整个洗发水行业以极大的震撼，其品牌诉求、公关宣传等市场推广方式无不代表着当时乃至今天中国洗发水市场的极高水平。

由于润妍市场业绩平平，到2002年年底，市场上已经看不到润妍的踪迹了。宝洁润妍洗发水为什么要退市？润妍的市场调查有没有问题呢？

资料来源：林红菱，等：《市场调查与预测》，北京，机械工业出版社，2009。

【案例分析二】

淑女屋的市场调研与IPO受挫

2011年11月2日，中国证监会发行审核委员会召开会议，审核深圳市淑女屋时装股份有限公司首次公开发行股票申请(IPO)。

在此之前，淑女屋招股说明书已经在证监会网站上被公开披露。

招股说明书披露，淑女屋主要从事流行时尚服装、家用纺织品的设计、生产和销售，主要产品为女装、童装和床上用品。

招股说明书披露，根据深圳市服装行业协会、深圳市贸工局、北京金必德经济管理研究院等机构在全国范围内联合做出的《深圳市女装产业区域品牌规划调查研究报告》，在消费者最喜爱的女装品牌中，"淑女屋"品牌仅次于几个国外知名女装品牌，甚至超过LV、Dior等，在国内品牌中排名第一。以上排名数据经招股说明书披露出来以后，业界一片哗然。

有资料显示，深圳市服装行业协会于1988年8月18日，经深圳市民政局核准注册成立，是由深圳市从事服装、服饰、纺织等相关企业自愿组织的行业性、非营利性的社会组织。一个地方性行业组织做出的全国范围内的"消费者最喜爱女装品牌"的结论是否具有权威性，同时，这样的数据出现在招股说明书中本身是否妥当也引发了经济评论人士的争议。

某网友从统计专业角度分析认为这个调查不能表达真实情况，首先没有对接受调查的消费者消费水平进行界定；其次没有对被调查人数进行统计；最后没有对消费者的年龄进行说明。因此该调查不能反映消费者的真实喜好，有失偏颇。

也有人提出疑问，作为细分市场的女装品牌淑女屋，在细分市场是有一定的位置的，但是不考虑消费对象，不考虑竞争对手，也不考虑产品领域，简单做调查，证明自己的市场地位。这个调查是一个有说服力的调查吗？更直接的质疑在于榜单本身，分析人士指出，将香奈尔、淑女屋、美特斯邦威等一起放进榜单并不合理。"Dior、LV

的主流产品并不是服装，这与让乔丹去参加游泳评选的道理一样。”一位业内人士对此评价道。

很多人也在争论，深圳市服装行业协会、深圳市贸工局、北京金必德经济管理研究院等机构有能力做出有信服力的全国调查吗？是不是要说明抽样方法，样本选择，消费者对象的划分？没有如此的技术说明，由地方行业协会牵头做调查，其权威性当然令人怀疑。

内部人士认为，淑女屋只是提供了当地的一个机构给出的报告，就是说它是信息披露有问题，这个问题不会影响到实质条件，但可能有一点不谨慎，但是这个应该不是影响结果的实质问题。

招股说明书中披露淑女屋高居消费者最喜爱女装品牌中国内品牌的第一位，受欢迎程度甚至超过国际品牌 Dior、LV，此外，其核心设计人员多为“80 后”以及其多元化经营模式引发网友质疑。这份奇特的招股说明书在证监会网站上披露之后便恶评如潮。

“惊闻淑女屋发布报告说淑女屋品牌为全国女装第一，一直以来认为此品牌的三个老板是活在童话里，今天我明白我错了，她们是活在神话里。”一名消费者对此调侃道。

2011 年 11 月 17 日的发审委公开报告评价如下：

在审核中关注到，据招股说明书(申报稿)披露，你公司本次募投项目中 195 万件服装家纺生产项目预计建设期为两年，达产后比目前产能 170 万件翻一番。两年后你公司自生产能共 365 万件，自生产能满足率为 52.09%，产能消化以直营店为主。另外，本次募投项目中建设 322 家直营店项目建设期为两年，每年建设 161 个销售终端。同期，你公司计划自主扩展 180 家店铺。两年后建成的新增店铺占比 63%。而从报告期平均单店销售收入看，新开店铺第一年与其他店铺相比有较大的差距，第二年才达到其他店铺的 70%～90%。因此，新开店铺在 1～2 年内是否能达到预期销售水平而消化新增产能，以及自主扩展的 180 家店铺是否可以如期建成存在不确定性。

发审委认为，公司本次募投项目的市场前景和盈利能力存在不确定性，上述情形与《首次公开发行股票并上市管理办法》(证监会令第 32 号)第四十一条的规定不符。发审委会议以投票方式对你公司的首次公开发行股票申请进行了表决，同意票数未达到 5 票，申请未获通过。根据《证券法》《首次公开发行股票并上市管理办法》及《中国证券监督管理委员会发行审核委员会办法》(证监会令第 62 号)等有关规定，现依法对你公司的首次公开发行股票申请做出不予核准的决定。

资料来源：深圳市淑女屋时装股份有限公司：《首次公开发行股票招股说明书(申报稿)》，第 96 页，中国证监会. http://www.csrc.gov.cn。

思考题

1. 淑女屋的市场调研有哪些技术性错误？

2. 深圳市服装行业协会、深圳市贸工局、北京金必德经济管理研究院等机构有能力做出有信服力的全国调查吗？如何做？

3. 淑女屋的调研结果是否影响专业人士对其销售潜力和市场能力的认同？

4. 发审委的否决理由和淑女屋的营销能力有关联吗？

5. 你如何评价淑女屋 IPO 报告中的调研结果？你对市场调研有哪些基本感受？

【案例与思考一】

美国航空公司的市场调查

美国航空公司是美国最大的航空公司之一。美国航空公司经常注意探索为旅客服务的好方法。为了达到这个目的，几个经理组织了一个头脑风暴式的小组会，产生了一些构思。其中一位经理提出在30 000米的高空为乘客提供电话通信服务项目的建议，大家一致认为这是激动人心的想法，同意对此做进一步的研究。

经与美国电话电报公司联系，以波音747飞机从东海岸到西海岸的飞行来说，电话服务在技术上是可行的。这种系统的每航次成本约1000美元，如果每次电话服务费为25美元的话，则每航次至少有40人通话才能保本。今后的研究要解决什么问题，要掌握哪些信息呢？

管理当局必须妥善把舵，对问题的定义既不要太宽，也不要太窄。如果营销经理要求营销研究人员去“探求凡是你能够发现的空中旅客需要的一切”，那么这位经理将得到许多不需要的信息，而实际需要的信息却可能得不到。另外，如果营销经理要求营销研究人员去“探求是否有足够多的乘客在从东海岸到西海岸的波音747飞行中，愿意付足电话费，从而使美国航空公司能够保本提供这种服务”，那么提出问题就太狭窄了。

最后，营销经理和营销研究人员确定要解决的问题是：“提供飞行电话服务是一项会使美国航空公司创造日益增加的偏好和利润的更好投资吗？”然后，就此提出下列特定研究目标：

(1)航空公司的乘客在航行期间而不等到飞机着陆后再通电话的主要原因是什么？

(2)哪些类型的乘客最喜欢在航行中打电话？

(3)在一次典型的长距离波音747飞行航班中，有多少乘客可能会打电话？价格对他有何影响？收取的最好价格是多少？

(4)这一新服务会增加多少美国航空公司的乘客？

(5)这一服务对美国航空公司的形象，将会产生多少有长远意义的好感？

(6)其他因素，诸如航班次数、食物和行李处理等对影响做出航空公司选择的相对重要性是什么？电话服务与这些其他因素相比，其重要性又将怎样？

就美国航空公司的目标而言，研究人员将会发现许多关于航空旅行市场的第二手资料。例如：美国民用航空署的出版物提供了各种运输公司的关于规模、成长和市场份额的资料；美国空中运输协会在它的图书馆中有关于运输公司的偏好和空中旅行者行为的资料；各种旅游公司为空中旅客选择空运单位提供指南的资料等。

第二手资料为调查提供了一个起点，并具有成本较低和得之迅速的优点。但是，研究人员所需要的资料可能不存在，或现有资料可能过时、不正确、不完全或不可靠。在这种情况下，研究人员就必须花费较多的费用和较长的时间，去收集可能更恰当和更正确的第一手资料。例如：美国航空公司的研究人员可以逗留在飞机场、航空办事处和旅行社内，听取旅客谈论不同航空公司和代理机构如何处理飞行安排的方法；研究人员也可乘坐美国航空公司和竞争者的飞机，观察航班服务质量和听取乘客反映；研究人员可以在前次航行中，宣布每次通话服务的收费是25美元，而在以后的同一航次上，又宣布每次通话收费为15美元。

在美国航空公司的调查中，抽样单位应该是从事商业的旅客，还是享受旅游乐趣的旅客，还是两者兼有？应该访问21岁以下的旅行者？还是应该对丈夫和妻子都访问？当抽样的基本整体确定后，应向其中多少人进行调查？这些人应怎样被选择？这一切都需要美国航空公司的调查人员做出决定。

在决定实施调查计划之前，营销经理应该要求营销调查人员对调查计划的成本做出估算，然后才能批准它。营销调查方案的目的是帮助公司减少风险和增加利润。假设公司未经市场调查，估计推出空中电话服务可获得50 000美元的长期利润，而调查能帮助公司改进促销计划，并获得90 000美元的长期利润。在这种情况下，公司就愿为这项研究花费40 000美元。如果这项研究的成本超过40 000美元，那就应拒绝它。

通过对资料的收集、分析，美国航空公司得到的主要调查结果如下：

(1)使用飞行电话服务的主要原因是：有紧急情况、紧迫的商业交易、飞行时间上的混乱等。用电话来消磨时间的现象是不大会发生的。绝大多数的电话是商人所打，并由他们支付账单。

(2)每200人中，大约有5位乘客愿花费25美元做一次通话，约12人希望每次通话费为15美元。因此，每次收15美元(12×15=180美元)比收25美元(5×25=125美元)有更多的收入。然而，这些收入都大大低于飞行通话的保本点1000美元。

(3)推行飞行电话服务使美航每次航班能增加两个额外的乘客，从这两人身上能收到620美元的纯收入。但是，这也不足以帮助支付保本点成本。

(4)提供飞行电话服务增强了美航作为创新和进步的航空公司的公众印象。但是，创建这一额外的信誉使美航在每次飞行中付出了约200美元的代价。

当然，这些调查结果可能会受到抽样误差的影响。考虑周全的营销调查方案，能帮助美航公司的经理做出比较好的决策，这个决策比坐在办公室中拍脑袋的决策要好得多。

资料来源：百度文库经营营销专业xx674664801供稿。

思考题

1. 市场调查的步骤是什么？
2. 市场调查对于航空公司的可靠信息收集有什么积极作用，有什么阻碍？
3. 市场调查的方法有哪些？
4. 市场调查为航空公司的经营带来了什么？
5. 请为我国航空公司设计一次关于航空服务质量满意度的调查。

【案例与思考二】

新可口可乐上市前的市场调查

20世纪80年代初，虽然可口可乐在美国软饮料市场上仍处于领先地位，但由于百事可乐公司通过多年的促销攻势，以口味试饮来表明消费者更喜欢较甜口味的百事可乐饮料，并不断侵吞可口可乐的市场。为此，可口可乐公司拟改变可口可乐的口味来对付百事可乐对其市场的侵吞。

对新口味可口可乐饮料的研究开发，可口可乐公司花费了两年多的时间，投入了400多万美元的资金，最终开发出了新可乐的配方。在新可乐配方开发过程中，可口可乐公司进行了近20万人次的口味试验，仅最终配方就进行了3万人次的试验。在试验中，研究人员在不加任何标识的情况下，对新老口味可乐、新口味可乐和百事可乐进行了比较试验，试验结果是：在新老口味可乐之间，60%的人选择新口味可乐；在新口味可乐和百事可乐之间，52%的人选择新口味可乐。从这个试验研究结果看，新口味可乐应是一个成功的产品。

到 1985 年 5 月，可口可乐公司将口味较甜的新可乐投放市场，同时放弃了原配方的可乐。在新可乐上市初期，市场销售不错，但不久就销售平平，并且公司开始每天从愤怒的消费者那里接到 1500 多个电话和很多的信件，一个自称原口味可乐饮用者的组织举行了抗议活动，并威胁除非恢复原口味的可乐或将配方公之于众，否则将提出集体诉讼。

迫于原口味可乐消费者的压力，在 1985 年 7 月中旬，即在新可乐推出的两个月后，可口可乐公司恢复了原口味的可乐，从而在市场上新口味可乐与原口味可乐共存，但原口味可乐的销售量远大于新口味可乐的销售量。

资料来源：http://wenku.baidu.com/view/633ff30a581b6bd97f19eadd.html。

思考题

1. 新口味可乐配方的市场营销调研中存在的主要问题是什么？

2. 新口味可乐配方的市场调研的内容应包括哪些方面？

三、实训项目

1. 实训任务

(1)设计市场调研任务，以求证创新产品在市场上是否可行；

(2)设计市场调查方法，确定市场调查范围与地点；

(3)对调查结果进行分析整理，并得出结论。

2. 实训要求

(1)正确运用市场调查的基础理论知识，根据市场调查的步骤，小组讨论并正确完整地设计出调查问卷。

(2)对回收的调查问卷进行整理、分析，对调查结果进行再次讨论。

(3)写出简单的调查结果分析报告。

3. 实训评价

工作任务	技术技能要求	分项评语
团队分工合作	要求积极参与，各尽所长、各负其责，既有分工，又要注重与人合作、交流沟通。	
商讨方案	要求组织成员集思广益、充分交流沟通，凝聚共识，个人服从小组决定。	
调查设计	要求分工完成各自任务，加强协调沟通，共同分析解决问题，甚至创造性地解决问题。	

续表

工作任务	技术技能要求	分项评语
准备与预演	要求能发现问题，根据获得的信息，做出正确判断，并制定解决问题的修订方案，进行自我学习和完善。	
实施调查	要求分工合作，通过合理的沟通交流，争取被调查者的理解和配合，并能随机应变，解决调查过程中出现的各种问题。	
数据处理，完成报告	合理运用信息处理方法和数学工具，进行调查数据的统计分析，完成简单的调查总结报告。	

4. 自我总结

5. 教师评价

任务二　产品策略

一、相关理论知识

(一)产品的概念与分类

1. 产品的概念

产品是指能够通过交换满足消费者或客户某一需求和欲望的任何有形物品和无形服务。换句话说，凡是提供给市场、用于满足人们某种需要的任何东西，包括实物、服务、场所、设计、软件、理念等，都属于市场营销学所讲的产品范畴。

现代市场营销学更多地从消费者的立场来定义产品。从这一意义上看，产品是由五个层次构成的整体。菲利普·科特勒等营销学者认为，五个层次的表述方式能够准确地表述产品整体的含义。

(1)核心产品

核心产品是产品整体概念的第一个层次，也是最基本的层次，是指产品向消费者提供的最基本的服务或利益，是消费者购买产品的最终目的。

(2)形式产品

形式产品是指产品的外观形状和外在表征，是整体产品概念的第二个层次，是核心产品借以表现的形式，包括产品的品牌、包装、式样、特色和质量等特征。

(3)期望产品

期望产品是指消费者在购买产品时期望得到的与产品密切相关的一系列属性和条件。

(4)延伸产品

延伸产品是指消费者购买产品时，附带获得的各种利益的总和，包括产品说明书、退换货保证、送货、安装、技术培训、保养与维修等。

(5)潜在产品

潜在产品是指包括现有产品的延伸和演进部分在内的，最终可能发展成为未来实质产品的处于潜在状态的产品，其指出了现有产品可能的演变趋势和前景。

2. 产品的分类

(1)独立品、互补品和替代品

①独立品是指一种产品的销售状况不受其他产品销售变化的影响。②互补品是指两种产品在使用过程中相互补充，共同来满足人们的同一类需求。③替代品是指两种产品满足消费者的能力接近或相同，相互之间存在竞争关系，一种产品销售量增加必然导致另一种产品的销售量减少。

(2)耐用品、非耐用品和服务

①耐用品是指在正常情况下能较长时间多次使用的有形物品，这类产品消费周期

较长，消费者不经常购买。

②非耐用品是指在正常情况下一次或几次使用就被消费掉的有形物品，一般来说价值较低，消费者购买频繁。

③服务是指为出售而提供的活动、利益和满足等，这类产品的主要特点是无形、不可分、可变和有时间性。

(3)消费品分类

消费品是指直接用于满足消费者最终消费的产品。根据消费者的购买习惯通常可以分为便利品、选购品、特殊品和非渴求品。

①便利品是指那些顾客通常频繁购买、即买即用、购买时几乎不花精力去比较的商品。便利品具体又可分为日用品、冲动型产品和应急型产品。

②选购品是指消费者在购买过程中，对商品的适应性、质量、价格和式样等基本方面要做针对性的比较后才购买的产品。选购品又分为同质选购品和异质选购品两类。

③特殊品是指那些特征独特、品牌知名度高、消费者通常愿意付出更多努力或代价去取得的产品。

④非渴求品是指消费者不了解或即使了解也不想购买的产品。

(4)产业用品

产业用品是指企业或组织购买后，用于制造其他产品或者满足业务活动需要的物品或服务。通常可以把产业用品分成三类：材料和部件、资本项目、供应品和商业服务。

①材料和部件是指完全转化为制造商产成品的一类产品，包括原材料、半制成品和部件。

②资本项目是指部分进入产成品中的商品，包括装备和附属设备两个部分。

③供应品和商业服务是指不构成最终产品的那类产品。

(二)产品组合

1. 产品组合及相关概念

(1)产品项目、产品线及产品组合

①按产品目录中列出的每一个明确的产品单位，一种型号、品种、尺寸、价格及外观等的产品就是一个产品项目。

②产品线是指一组密切相关的产品项目，又称为产品大类。

③产品组合是指企业全部产品线和产品项目的组合或结构，即企业的业务经营范围。

(2)产品组合的宽度、长度、深度和关联度

①产品组合的宽度是指产品组合包含的产品线数目，产品线越多，产品组合就越宽。

②产品组合的长度是指产品组合中所包含的产品项目的总数。

③产品组合的深度是指每一品牌不同花色、规格、质量的产品数目。

④产品组合的关联度是指各条产品线在最终用途、生产条件、分配渠道或其他方面相互关联的程度。

2. 产品组合策略

(1)扩大产品组合

扩大产品组合包括拓展产品组合的宽度和增强产品组合的深度。前者是在原产品组合中增加一条或几条产品大类，扩大经营产品范围；后者是在原有产品大类内增加新的产品项目。

(2)缩减产品组合

当市场不景气或原料、能源供应紧张时，缩减产品反而可能使总利润上升。

(3)产品延伸

每一个企业的产品都有其特定的市场定位。产品延伸策略指全部或部分地改变公司原有产品的市场定位，具体做法有向下延伸、向上延伸和双向延伸三种。

(三)产品生命周期

1. 投入期及特点

投入期指商品从设计投产直到投入市场进入测试阶段。产品在投入市场前期，消费者对这种刚投入市场的新产品还不了解，产品也还未被市场承认，因此这一阶段的购买行为往往是“试探性”的。

投入期的主要特点有：①产品成本高，销售量增长缓慢；②尚未建立高效的分销模式；③产品获利少；④产品尚未定型，性能和质量不够稳定；⑤产品的市场风险大；⑥市场竞争对手少。

2. 成长期及特点

成长期指新产品通过试销效果良好，购买者逐步接受该产品，产品在市场上站住了脚而且打开了销路。成长期是产品大批量进入市场的时期，产品已被消费者所认可和接受，且增长率不断上升，销售量曲线呈上升趋势。

成长期的主要特点有：①消费者对新产品已认可，产品打开了销路，销售量稳定增加；②成本降低，利润增加；③分销渠道基本确定，数目增加；④产品定型，生产规模扩大；⑤市场上同类产品的竞争者出现；⑥新竞争者引入产品特色，竞争趋向激烈。

3. 成熟期及特点

成熟期指产品进入大批量生产并稳定地进入市场销售，商品需求趋向饱和阶段。成熟期是产品畅销的鼎盛时期，消费者对产品产生了信任感，形成了特定产品的消费习惯，并积极主动地向自己的亲朋好友宣传产品，介绍产品的功能、使用价值等。

成熟期的主要特点有：①市场开拓，产品组合的广度、深度得到进一步的扩充；②产品的工艺、性能完善，质量稳定；③产品的消费群较大；④市场需求趋于饱和，销售量的增幅平稳且下滑；⑤企业利润达到最高点；⑥市场同类产品和替代品不断涌现，市场竞争加剧。

4. 衰退期及特点

衰退期指商品走向淘汰阶段，被新产品所替代，意味着产品的市场寿命周期即将结束。由于消费者的需求发生变化，产品销量明显下降，库存积压产品没有销路，且增长率为负，下降速度增加，销售量曲线呈下降状态。

衰退期的主要特点有：①产品销售量由平缓稳定逐渐下降；②消费者的购买已向高新科技产品转移；③产品价格已降到最低水平；④企业产生亏损；⑤竞争者相继退出市场。

(四)品牌与品牌策略

1. 品牌的含义

所谓品牌(Brand)是指用以识别某个销售者或某群销售者，并使之与竞争对手的产品或服务区别开来的商业名称及其标志，通常由文字、标记、符号、图案和颜色等要素或这些要素的组合构成。

品牌是一个集合概念，它包括品牌名称和品牌标志两部分。品牌名称是指品牌中可以用语言称呼的部分。品牌标志是指品牌中易于识别但不能用语言称呼的部分，通常由图案、符号或特殊颜色等构成。

品牌，就其实质来说，代表着销售者对交付给消费者的产品特征、利益和服务的一贯性承诺。久负盛名的品牌就是优良质量的保证。不仅如此，品牌还是一个更为复杂的符号，蕴含着丰富的市场信息。

2. 品牌的作用

①品牌有助于促进产品销售，树立企业形象；

②品牌有利于保护品牌所有者的合法权益；

③品牌有利于约束企业的不良行为；

④品牌有助于扩大产品组合。

3. 品牌策略

(1)品牌有无策略

品牌有无策略主要是指企业在生产经营中设不设立自己的品牌，其主要的策略包括无品牌策略和品牌化策略两种。

(2)品牌归属策略

企业决定使用本企业(制造商)的品牌，还是使用经销商的品牌，或两种品牌同时兼用，叫作品牌归属策略。

(3)品牌统分策略

品牌，无论归属于生产者还是归属于中间商，或者是两者共同拥有品牌的使用权，都必须考虑对所有的产品如何命名的问题，对此进行决策事关品牌运营的成败。决策此问题通常有以下四种可供选择的策略：统一品牌、分类品牌、多品牌、复合品牌策略。

(4)品牌延伸策略

品牌延伸也称品牌扩展，是指企业利用其成功品牌的声誉来推出改良产品或新产品。

(5)多品牌策略

多品牌策略是指企业生产同一种产品使用两种或两种以上的相互竞争的品牌。采用这一策略可为企业节省开发研制新产品的费用，能吸引更多的顾客，增加销量，增强市场竞争能力，但广告宣传费用增加，生产资源配置分散，影响企业开发新产品。

(6)品牌重新定位策略

品牌重新定位策略也称再定位策略，是指全部或部分调整或者改良品牌原有市场定位的方法。

(7)品牌防御策略

品牌是一种无形资产，如不能很好地保护，就会使资产流失，降低其增值能力，严重者还会使品牌资产荡然无存。鉴于此，有效地对品牌进行保护是品牌运营的重要保障。

(五)包装与包装策略

1. 包装的含义、种类

(1)包装的含义

包装是指为了保护产品的价值和形态，采用适当的材料制成与物品相适应的容器(包装物)。它是产品整体概念的重要组成部分，包装的好坏直接影响到产品的销路和价格。

包装(Packaging)有两层含义：一是静态的，指盛放或包裹产品的容器或包扎物；二是动态的，指设计、生产容器或包扎物并将产品包裹起来的一系列活动。在实际工作中，两者往往紧密联系、不可分离。产品只有包装好以后，生产过程才算结束。

(2)包装的分类

产品包装是产品生产过程在流通过程与使用过程的继续，按照其在流通过程中的作用，产品包装一般分为运输包装和销售包装两种。

2. 包装的设计原则

重视包装设计是企业市场营销活动适应竞争需要的理性选择。一般说来，包装设计应遵循以下六个基本原则。

①安全；

②适于运输，便于保管与陈列，便于携带和使用；

③美观大方，突出特色；

④包装与商品价值和质量水平相匹配；

⑤尊重消费者的宗教信仰和风俗习惯；

⑥符合法律规定，兼顾社会利益。

3. 包装策略

(1)类似包装策略

类似包装策略是指企业生产经营的所有产品，在包装外形上都采取相同或相近的图案、色彩等共同的特征，使消费者通过类似的包装联想起这些商品是同一企业的产品，具有同样的质量水平。

(2)等级包装策略

等级包装策略就是按照产品等级和档次将包装分为若干等级，使包装质量与产品等级相配，即质量水平高的产品使用优质包装，质量水平一般的产品使用一般包装，使消费者根据包装等级便可以判定产品真实的质量水平。

(3)分类包装策略

分类包装策略是企业根据购买者的目的对同一种产品采用不同的包装。根据产品

整体概念，购买者购买目的不同，就意味着核心产品层次的内容不同。

(4)配套包装策略

配套包装策略是指企业将几种有关联性的产品组合在同一包装物内的做法。这种策略能够节约交易时间，便于消费者购买、携带与使用，有利于扩大产品销售，还能够在将新旧产品组合在一起时，使新产品顺利进入市场。

(5)再使用包装策略

再使用包装策略也称双重用途包装策略，是指包装物在包装的产品消费完毕后还能够有他用的做法。我们常见的果汁、咖啡等的包装即属于此种包装。

(6)附赠品包装策略

附赠品包装策略是指在包装物内附有赠品以诱发消费者重复购买的做法。在包装物中的附赠品可以是玩具、图片，也可以是奖券。

(7)更新包装策略

更新包装就是改变原来的包装。更新包装策略是指企业包装策略随着市场需求的变化而改变的做法。

(六)新产品开发策略

1. 新产品的概念及种类

市场营销学中使用的新产品概念不是从纯技术角度理解的，而是从产品的整体概念出发，将新产品理解为只要在功能或形态上得到改进或与原有产品产生差异，并能给顾客带来某种满足和新的利益的产品。通常可以把新产品分为以下几种基本类型。

(1)全新产品

全新产品是指采用新原理、新技术、新材料等研制而成的前所未有的全新功能的产品。

(2)换代新产品

换代新产品是指在原有产品的基础上，部分采用现代科学技术研制而成的结构性能显著提高的产品。

(3)改进新产品

改进新产品是指采用现代科学技术对现有产品各方面的功能进行改良。它包括产品质量的提高、用途的增加、款式的更新、规格型号的多样等。

(4)仿制新产品

仿制新产品是指企业根据市场上已有产品的性能、工艺而仿制的产品。

2. 新产品开发的程序

(1)寻求创意

所谓创意是指开发新产品的设想。虽然并不是所有的设想或创意都可以变成产品，但寻求尽可能多的创意却可以为开发新产品提供较多的机会，故现代企业都非常重视创意的开发。

新产品创意的主要来源有：顾客、科学家、竞争对手、企业推销人员或经销商、企业高层管理人员、市场研究公司、广告代理商等。除了以上几种来源外，企业还可以从大学、咨询公司、行业的团体协会、相关的媒介那里寻求有用的新产品创意。

(2)筛选构思

筛选的主要目的是选出那些符合本企业发展目标和长远利益，并与企业资源相协调的产品构思，摒弃那些可行性小或获利较少的产品构思。

(3)产品概念的形成与测试

新产品构思经筛选后，需进一步发展，形成具体、明确的产品概念。产品概念是指已经成型的产品构思，即用文字、图像、模型等对产品构思予以清晰阐述，使之在顾客心目中形成一种潜在的产品形象。一个产品构思能够转化为若干个产品概念。

(4)初拟营销计划

企业选择了最佳的产品概念后，必须制订把这种产品引入市场的初步营销计划，并在未来的发展阶段中不断完善。

(5)商业分析

商业分析即从经济效益角度分析新产品概念是否符合企业目标，预测销售额和推算成本与利润。

(6)新产品研制

新产品研制主要是将通过商业分析后的新产品概念交送研究开发部门或技术工艺部门试制成产品模型或样品，同时进行包装的研制和品牌的设计。

(7)市场试销

简要地说，新产品的市场试销就是对新产品和营销计划的全面检验。通常是进行有限度地推广产品，试用一种或几种营销策略，以确定在某一市场营销环境下潜在消费者的反应。

二、案例分析

【案例分析一】

酹江月，何处觅得万里天

“闲倾一盏中黄酒，闷扫千章内景篇……”

“酹江月”绍兴黄酒股份有限公司总经理杜海潮正在酒店大堂吃早餐，耳边传来几句诗词，他抬头一看，电视里正在播出一个关于酒文化的纪录片，他心想，这倒挺应景儿的。

每年的春季糖酒会都在成都举办，近几年，“酹江月”都会千里迢迢地跑过来参展。在白酒称霸的时代，黄酒的影响力主要还是集中在江浙沪一带，很少涉及全国其他区域的市场开发，一年一度的糖酒会是拓展营销的好时机。糖酒会开幕当天，“酹江月”公司市场总监向天奇在现场跟杜海潮通电话，说今年的黄酒市场看似比以往火热，杜海潮听了有些小兴奋，他立即让秘书订了第二天飞成都的机票，想亲自来糖酒会考察一下，看看会不会有意外的收获。

杜海潮从酒店旋转门一出来，正好有辆出租车下客，杜海潮上了车，说去糖酒会，司机师傅都没问具体地址，车子就启动了。

“老板是做白酒生意的?”司机打开了话匣子。

“我是做黄酒生意的，到现场去看看情况。”

“黄酒是好东西！我们四川人爱喝白酒，可我晓得黄酒比白酒对身体好，我家女娃儿在上海工作，每次回来都给我带黄酒，叫啥子‘古弄堂’，这个牌子你们酒老板肯定都晓得咯？”

“当然知道，这是红枫酒业公司的王牌产品，您女儿很会选酒啊。”

“刚开始喝不大惯，喝几次感觉味道还不错，下次我让她给我换个别的牌子尝尝。”

杜海潮笑着跟司机师傅说：“我们绍兴是黄酒的故乡，在我们那里，大家爱喝‘酹江月’，这个牌子得过巴拿马万国博览会的国际金奖。”

“好拽哟！”

“我们‘酹江月’有260多年历史。黄酒好不好主要看原料，像您经常喝酒肯定知道水质对酒的影响，不知道您来过我们绍兴没有?”

“前几年旅游去过，鲁迅的故乡嘛。”

“我们公司在绍兴柯桥，这个地方处在绍兴鉴湖水系的中上游，水质清澈。两百多年来，我们一直沿用古法酿酒工艺。现在这项酿制技艺已经成为国家非物质文化遗产保护项目。”

说话间，已经到了目的地，下车前，杜海潮还不忘做宣传：“师傅，下次别忘了买‘酹江月’尝尝啊!”

“要得!”师傅边答边把发票递给他。

东边日出西边雨，道是无晴却有“情”

杜海潮一边往会场走，一边翻看向天奇发给他的展位地址，“酹江月”的展位在2号馆的东5号。走进大厅，来来往往的人还真不少。他没有急着赶往自家展台，而是打量起其他的参展商。

1号馆里大部分是白酒品牌的展位，一眼望去，几个高端品牌展台前的人不是很多，看来，近期政府严格限制酒类公款消费对白酒行业的影响不小。杜海潮开始琢磨，白酒市场的动荡是不是意味着黄酒可以“借机上位”呢?

2号馆在1号馆的左侧，右边的3号馆是葡萄酒品牌展区，杜海潮决定再去打探一下那边的情况。在3号馆可以看到很多国外品牌，随着消费者饮酒观念的转变，国内葡萄酒品牌的发展势头也很强劲，一下子冒出了好多没见过的品牌。一些白酒集团也开始涉足葡萄酒。展馆内有一个很大的茅台葡萄酒广告牌，看样子，葡萄酒的势头对黄酒的发展影响不容小觑。

转了一圈后，杜海潮到了黄酒展区。今年黄酒展区比去年的面积大了一些，很多关于本届糖酒会的媒体报道都重点提到了黄酒，说黄酒作为低度、营养、保健型的酿造酒，正适合当今社会新的消费价值趋向，还预测黄酒消费将成为一种时尚。

杜海潮一眼就看到了自家招牌——皓月当空，山水之间，坐落着一幢古色古香的酒庄，古法制酒大师正在酿酒，他身边的石几上，“酹江月”美酒溢香。杜海潮对市场部的展台设计很满意，作为一线黄酒品牌，公司延续了一贯的高端布展规格，将“非现代手工黄酒世家”的品牌形象展现得淋漓尽致，这也有助于黄酒文化的传播。

“杜总您到了!”向天奇看到杜海潮，急忙走过来。

“去别的馆逛了逛，今年展会还真挺热闹啊!”

“限制‘三公消费’涉及的主要是白酒，黄酒市场容量的预测还是挺乐观的。”因为有一些客户在听服务人员讲解产品，两人便找了个靠边的位置坐下来。

"这两天情况怎么样?"杜海潮迫不及待地想知道市场反应。

"还不错，今天是第三天，我们已经和全国 200 多位客户达成了初步意向，这次糖酒会是一个信号，表明黄酒市场还是存在很大的增长空间的。"向天奇显得有些激动。

"走，咱们到前面看看。"杜海潮被展区内的热闹景象感染了，热情满满。

刚进来的几位操着山东口音的客人围着主展台上的那瓶标有"70 年"字样的酒饶有兴致地看着，杜海潮主动走过去，做起了介绍："这瓶黄酒已经珍藏了 70 年，可以说是这次糖酒会上年份最长的黄酒了。"

"这个卖不?"一位客人问。

"对不起，这瓶是非卖品，摆在这里主要是为了配合展示公司文化。"看到客人略微有些失望，杜海潮连忙说："如果各位感兴趣的话，还可以了解一下我们的'八年陈''十年陈''二十年陈''五十年陈'，这些都是精品珍藏系列。"说话间，他将客人带到了热销商品的展台前，"像'王聚阁''河涧清'和'灵芝花雕酒'这些新型黄酒，都有营养保健功能，是近期的热销品。"

"我们准备为公司采购一批宴会用酒，你们有什么商务类的产品吗?"

"'酹江月'旗下有国宴、纯正、国标、礼盒、珍藏、外贸等十个系列的黄酒。其中，国宴系列是人民大会堂国宴专用黄酒。"

"现在很多交际性饮酒不再追求高度、烈性和刺激了。所以这次我们特别关注了一下黄酒，黄酒是一种极具东方神韵的民族传统产品，我们对你家的'纯正的绍兴黄酒'很感兴趣。"

杜海潮让工作人员把产品明细单拿来，开始帮客人介绍挑选合适的产品。这几位山东客户也很干脆，觉得产品定位和价格都合适，稍作商量后就下了订单。

送走几位客人后，向天奇笑逐颜开："杜总出马，一个顶俩！这么短的时间就拿到了订单。"

"看来我们可以准备开拓全国市场啦，不能再继续窝在浙江大本营了。"杜海潮点头。

杜海潮在展会现场待到下午三点钟，秘书打来电话说已经为他订好了返程机票。出差之前，妻子提到周末要一起参加同事的婚礼。

何不"突重围"，收取关山五十州

周六晚上六点，杜海潮和妻子准时赶到喜宴现场。他们按照嘉宾的席卡，坐到了一个靠近红毯的位置。坐定之后，杜海潮注意到餐桌上摆放的几瓶酒，有葡萄酒、白酒和黄酒。但令人失望的是，这里面没有"酹江月"，倒是老对手"德利"傲立在桌面上。坐在身边的妻子注意到他一直盯着几个酒瓶子，读懂了丈夫的心思，开口劝慰说："新郎新娘都是北方人，根本不知道哪个黄酒牌子好，估计这酒水都是酒店推荐的。"

"唉，老对手的实力真是不容小看啊，铺货能力的确很强，这都抢到北方人的婚礼上了。"杜海潮苦笑着说。

客人们陆续都到了，妻子单位的郑总也坐在他们这桌，大家打过招呼后，郑总与杜海潮聊了起来："最近生意怎么样?'酹江月'可是我们绍兴人的骄傲啊。"

"对手很猛啊，桌子上不就摆着么?"

听到这话，郑总才开始注意桌上的几瓶酒，他拿起“德利”看了看，道：“这德利是你们的老冤家了吧?”

“市场上黄酒琳琅满目，‘酹江月’的竞争对手可不只德利一家，旧患未除，又添新愁啊。这几年我们黄酒业还有一匹‘黑马’——上海红枫酒业，发展非常迅速，旗下的强势品牌‘浦江源’和‘古弄堂’卖得好得很，反正在上海滩我们基本上没戏可唱了。”

“杜总别泄气，我们绍兴本地人还是喝‘酹江月’，毕竟它才是黄酒之源嘛。但现在都在说创新，老字号产品也要推陈出新，不能光吃‘老本儿’。”

“郑总，不瞒您说，这几年我们公司在市场推广上没少下功夫，而且通过创新酿酒技艺改善了黄酒口味。还通过一系列战略手段，让我们品牌的知名度和美誉度有所上升，外地市场份额也在不断扩大。眼下随着限制三公消费政策的出台，我们正在考虑进军中高端消费市场。”

“江浙一带的黄酒品牌太多了，要杀出重围不容易啊!”郑总和杜海潮碰了一下杯子，感慨道。

现场的音乐声响起，大家将目光转到了主台上。一对新人伴着《婚礼进行曲》踏上了红毯，掌声响起，但满堂的喜庆却无法打消杜海潮心中的不安。

回家的路上，杜海潮给向天奇打了个电话，让她尽快安排召开一次部门经理会议，讨论公司未来的走向。在成都糖酒会上，他捕捉到了黄酒进军全国市场的有利信号，在婚宴上又看到了黄酒的竞争局面，他觉得是该考虑重新制定“酹江月”的市场战略了。

世间安得双全法，争锋对垒难抉择

清明小长假后上班的第一天，杜海潮早早地来到办公室。节前已经通知各部门经理今天上午召开公司市场战略会议，他想在会前再查看一些数据资料。

九点五十五分的时候，秘书打来电话提醒他开会时间要到了，杜海潮把资料收拾一下带到了会议室，大家都已经坐在位置上了。

“人齐了，那咱们开始吧。今天的会议由我来主持，天奇做下会议记录，会后将重点内容发给大家。”杜海潮坐定后说。

“今天主要有两个议题，一是总结下前阶段的市场情况，另外一个呢，是规划一下公司未来的市场战略。在会议通知邮件里已经提到，过去公司一直是在江浙沪地区跟老对手争份额，经过努力，也取得了不错的成绩，连续三年都保持了20%的销售增长率，去年的销售额还首次突破了10亿元大关。在这届成都糖酒会上，黄酒的市场消费量有了明显的增长迹象，市场战略需要根据环境的变化随时做调整，今天召集大家，就是想分析讨论一下是继续打周边攻主峰市场，还是考虑拓展全国市场?”

听完杜总的开场白，向天奇先发言：“之前，我跟杜总沟通过几次关于转变市场战略的想法，我再做下信息补充。大家都知道目前江浙沪的黄酒市场已接近饱和，尤其是上海，‘古弄堂’与‘浦江源’的市场霸主地位难以撼动，即便是德利，目前在上海也只有1亿元左右的销售额。如果我们继续将重心放在江浙沪，公司就必须不断创新，才有可能吸引更多的消费者。这当中还不包括众多小厂的低价策略给我们带来的压力。”

看到大家都点头表示同意，向天奇继续说：“全国市场对于黄酒产业来说是值得开拓的，这届糖酒会的调查数据显示，随着人们消费观念的改变和对黄酒营养功能的进一步认识，以及黄酒产品口味的不断改进，黄酒的销售量已经有了很大的增长。目前，黄酒行业仍处于成长期，全国存在很大的增长空间。”

这时会场有了一些骚动，一些人开始窃窃私语。杜海潮放下手中的水杯，清了清嗓子，会场顿时安静了下来。“全国市场也不是块‘好咬’的蛋糕，如果我们将市场重心转向全国市场，从一个区域品牌蜕变成全国知名品牌，就意味着大量的资金投入。对于我们这样年销售额不过10亿元，年净利润只有1亿多元的中小企业来说，如何熬过漫长的市场培育阶段是个大问题。最后我们的收益又会有多少？大家谈谈自己的看法吧。”杜海潮接着向天奇的话说。

苏州地区的李经理先打破了会场的沉默：“尝试全国市场有点儿太冒险了吧！虽说黄酒在全国的市场规模开始不断扩大，但增长的基数过小，2012年的年销售额才突破10亿大关，而销售额绝大部分来源于长三角地区。在大多数人的印象中，黄酒仍然是一种低档酒，难登大雅之堂。在江浙沪以外的地方，人们对黄酒的认知度就更低了，甚至把黄酒和烧菜的料酒等同起来。前几年，有些企业试图‘走出去’，但是收效甚微，在白酒称霸的北方，黄酒难有立足之地。这种情形使得企业又收回触角，之前所做的努力也都付诸东流了。”

“李经理未免太悲观了，黄酒确实属于非主流酒类，但还是有发展前景的。在我负责的安徽地区，黄酒已经基本得到大多数消费者的认可，尤其是那些常年在长三角地区工作的人，他们已经有意识地去购买黄酒，并把黄酒推荐给亲朋好友。”安徽地区的刘经理忍不住打断了李经理的发言。

“虽说我们的‘走出去’战略取得了一些效果，但收效还是太小了，按地域划分安徽还是偏江浙地区的。这里的消费者比较容易接受黄酒的口味。但北方消费者买酒时，他们的第一选择还是白酒，很少甚至根本不会考虑黄酒。这点在我身边的北方朋友身上就可以看到，何况这些人还是常年生活在黄酒的‘地盘’上呢！”听完刘经理的观点，李经理反驳说。

“但你不能否认，我们的产品推广战略在安徽还是取得了意想不到的成功，虽说现在安徽的销售额还不及长三角地区的十分之一，但仅仅用三年的培育时间就可以取得这样的成绩，已经大大出乎我们的意料，这就意味着我们大力开拓其他地区市场的时机到了。我们不能因为有困难就退缩，要看到事情光明的一面！”刘经理还是坚持要走出去。

看两个人有些争执不下，杜海潮打破僵局，对华东地区的销售主管王经理说：“小王，有什么想法吗？”

听见杜总叫自己的名字，王经理顿了一下，略微思考后说：“我们‘酹江月’是一个有着两百多年历史的中华老字号企业，这是前辈留下的财富。现代企业的生存之道在于创新，如果不思进取，甚至是停滞不前，就容易被市场淘汰，尽快做出符合市场战略的选择是十分必要的，如果其他企业抢先去开拓全国市场了，我们就可能会错失良机。”

苏州的李经理坚持己见：“创新不一定是要去冒险开拓陌生的全国市场。留下来也可以发挥创新思维，随着健康和时尚饮酒的概念逐步被国内民众所接受，我们开发的‘清涧馨香’系列将产品定位为新一代时尚养生黄酒，很快打开了苏州市场，并且占据了绝对的市场优势，只要我们能开发出新产品，加上合适的营销手段，完全可以在长三角地区实现‘弯道超车’。”

“开发新产品是一种创新途径，但市场份额总共就那么大，产品再多，销售额的增长还是有限。在江浙沪地区，我们正面临着前有狼后有虎的境地，在中高端市场，德利和红枫一直大力投入发展；在低端市场，一些中小企业尽力压低价格来扩大销量，虽然品质无法和我们比，但3～4元一瓶的售价几乎相当于我们的制作成本，很多人还是愿意捡便宜的。就更不用提白酒、葡萄酒也在伺机瓜分江浙市场了。绍兴地区，我们也只在绍兴拥有绝对的市场优势，要想销售额有所突破，必须打破一些‘壁垒’，在市场战略上有大胆创新。”

“如果将重心扩展到全国市场，公司就必须投入大量的资金，可能要花费几年甚至更长的时间才能获得顾客的认可。消费者对黄酒都没有基本认识，更别指望他们会选择我们‘酹江月’了。我们从哪儿找资金支持？上市融资是一个比较普遍的方法，但谁又能保证我们可以尽快顺利上市呢？”李经理仍然觉得开拓全国市场是件不靠谱的事儿。

杜海潮见大家各抒己见，想调节一下气氛，于是说：“大家先休息一下，十分钟后再讨论。”

约莫十分钟后，大家重新回到座位上，杜海潮边翻资料边说：“销售额首破10亿元确实是件令人振奋的事情，但跟人家张裕葡萄酒60亿元的年销售额一比，我们的销售额还是显得过于寒酸了。刚刚我们一直在争论要不要走出去的问题，如果我们决定去长三角以外的地区碰碰运气，该如何突围？全国市场这么大，我们要从哪入手？推广的时候是应该突出黄酒的共性还是强调‘酹江月’的个性？从这个角度出发，大家有什么好的想法？”

看到老板“走出去”的决心很大，主管华东销售的王经理说：“其实我们可以从各地区的黄酒销量为着手点，综合前几年全国黄酒销量，排在前面的省市有浙江省、安徽省、江苏省、上海市、河南省，等等。安徽紧邻浙江有一定的地理优势，其实安徽也可以被划归为南方地区，这里的人不会特别排斥黄酒，可能会比较容易接受黄酒的推广。”看大家听得津津有味，王经理继续说，“河南是一个人口大省，潜在消费者较多。目前它的白酒市场已经非常成熟，想要从中分一杯羹实属不易，但考虑到很多河南人都会外出务工，其中很大一部分会到江浙沪，这样就会或多或少对黄酒有一些了解，这对黄酒在河南的推广和普及有一定的积极作用。”

王经理的一席话打开了大家的思路，赵经理随即补充说：“长期以来，黄酒都被认为是一个区域性的酒种，很多人对黄酒的认识还不够清晰。我们绍兴酒是黄酒的代名词，那么在把黄酒推向全国的时候，我们就要突出共性，主推绍兴酒。”

刘经理边笑边摇头，杜海潮问道：“小刘，你是不是还有更好的建议？”

“我觉得还是应该强调个性——推‘酹江月’。如果只是突出共性，那么‘酹江月’的品牌就会被稀释，茅台酒现在可以雄踞白酒业的老大位置，主要就是一直强调它只能在茅台镇生产这个特性。”

“当然，我们也完全可以仿照茅台的发展策略来壮大自己，但是现在黄酒并没有白酒那样的市场覆盖率和知名度，‘酹江月’不能只强调自己的品牌，提高黄酒在公众心中的知名度也是十分关键的，在消费者还不清楚黄酒是什么的时候，直接推广我们的品牌，有点儿为时过早了吧?”小赵坚持推广黄酒共性更实在一些。

杜海潮低头看了下手表，不知不觉两个多小时过去了，大家对公司未来的战略选择各抒己见，但是始终没有达成统一的意见。“光开一次会不可能制定一项战略，这个决策还需要进一步权衡利弊。大家回去再想想这个问题，做做调查研究，我们再找时间碰头讨论，今天先到这里吧!”

长风破浪会有时，直挂云帆济沧海

晚饭后，杜海潮心不在焉地陪小女儿玩耍了一阵子后，悄悄走到书房打开电脑，今天的会议让他陷入一种纠结的情绪中，他不由自主地在搜索引擎中输入“黄酒”和“市场战略”，跳出的网页大部分是前几天糖酒会的延伸报道，很多文章分析了黄酒的市场情况，大部分专家都对黄酒的增长抱有希望，但同时，一些分析也指出了现在黄酒行业存在区域性强、局部集中竞争过于激烈的问题。

屋里静悄悄的，家人都已经睡着了，夜已深，可是杜海潮心里的纠结和莫名的恐惧一直挥散不去，万一深谋远虑的老对手德利抢先一步……

杜海潮踱到窗前，远处的鉴湖，如斟满酒的古樽。“千江有水千江月，万里无云万里天”不知怎么，他想到了这句偈语，可哪里是我的万里天，容我有一樽“酹江月”呢?

案例点评

【观点一】

徐沪初——博斯公司(Booz & Company)全球合伙人

当前应该采取的战略是抓住休闲饮酒类市场成长和消费者需求变化的趋势，通过市场细分和清晰的产品定位找到“酹江月”品牌黄酒目标客户。

中国市场广阔，但区域之间的经济发展程度、基础设施、市场教育、消费者需求，乃至当地习惯都有着显著差异。“南橘北枳”正是对市场不均衡发展的最好写照。案例中的企业家杜海潮，正是要面对这样的市场做出战略选择。

对于杜总和他的“酹江月”当下并不是要做一道选择题——是扎根江浙沪，还是实施全国战略，而是要做一道问答题——在市场内外部环境剧烈变化的黄酒市场，“酹江月”应该采用何种企业战略?并且从此战略出发应该制定什么市场拓展策略?

在谈到企业战略和市场拓展策略之前，“酹江月”需要先进行一系列思考：酒精类饮料市场产生了哪些变化?新的市场趋势是什么?黄酒产品本身应如何进行市场定位?当前黄酒市场的竞争态势如何?“酹江月”自身的企业能力如何?让我们从下面四个方面对这一系列问题进行梳理和分析。

第一，酒精类饮料市场：因公消费的受限导致了以白酒为主的高端酒饮料细分市场受到严重冲击，休闲饮酒类消费市场的增长开始向中端白酒和其他酒精类饮料倾斜。健康的酒饮料、非宴请场合的消费需求等新的市场趋势初见端倪。

第二，黄酒产品的定位：市场教育还处于初级阶段，江浙沪之外的市场对于黄酒的认识有限，市场渗透率低。对所谓的“新市场”，需要清晰的产品定位并界定出目标客户群。

第三，黄酒市场的竞争：其“大本营”江浙沪的竞争激烈，市场饱和度高，领先厂商已经建立起了具有优势的市场地位。全国其他市场的黄酒饮酒人群集中度低，市场未经开发，但可以预见市场教育、获得客户成本较高。

第四，“酹江月”企业自身：作为中华老字号的绍兴黄酒品牌，被认为是品质优良的正宗黄酒，且多年的产品创新也开发出了一系列定位于高中端市场的产品组合。“酹江月”年销售额刚过10亿元，并在其他一些区域市场(安徽、河南等)通过采取自建渠道的策略积极开拓业务。

基于以上的分析，“酹江月”当前应该采取的战略是抓住休闲饮酒类市场成长和消费者需求变化的趋势，通过市场细分和清晰的产品定位找到“酹江月”品牌黄酒的目标客户。据此战略出发，“酹江月”应该从以下几个方面着手：

第一，制定详细的区域拓展策略。不要将思路仅仅局限于“精耕江浙沪”或者简单的进军全国，“酹江月”当前自身能力有限(10亿元的销售额)，没有办法一次性进入过多的区域市场。应该通过具体的市场分析，选出最适合“酹江月”的几个区域市场，如地域邻近、交流频繁、市场接受度高且成长快速的市场等(如案例中提到的安徽市场)。

第二，开拓更多的销售渠道，找准目标渠道进行拓展。一些已经成功的经验，如青岛啤酒在打开海外市场时与北美中餐馆、中式酒楼进行合作，做强餐饮渠道的方法可以借鉴。这样可以更好地集中优势资源，取得在区域市场良好的开局。“酹江月”的黄酒产品也可以借助中国自古就有的大闸蟹佐以黄酒冷暖相宜的餐饮理念，借力这几年红遍大江南北的大闸蟹连锁销售机构的渠道，会实现协同效应，为“酹江月”快速进入指定区域市场打下成功的基础。

第三，配置更好的产品组合，在区域拓展和渠道拓展的同时，还应该根据不同市场的特点配置好“酹江月”的产品组合，就像在白酒市场中，低度酒在浙江的终端市场广受欢迎，而高度酒在山东市场中更加被青睐，黄酒市场也要根据消费者的不同需求进行配置。“酹江月”开发的保健功能的新型黄酒就是很好的思路，注重传统保健的众多高端市场客户将有可能成为这类黄酒的潜在用户。

当然除了在区域、渠道、产品组合等方面下功夫之外，持续的市场教育(形象广告和品牌理念，时间营销和广告促销等)也是“酹江月”区域市场策略可以取得成功的关键。

【观点二】

叶巍岭——上海财经大学国际工商管理学院市场营销系副教授

无论是市场渗透还是产品开发战略，前提都是系统地考虑市场需求、竞争态势和产品及营销组合。为此，“酹江月”需要大量信息，才有可能评估目前公司在市场渗透和产品开发两个方面做得怎么样，将来有可能在哪个战略上有突破。

从表面上看，现在的问题是“酹江月”选择继续留守江浙沪(下文简称为“留守战略”)还是主攻其他市场(下文简称为“扩张战略”)。从案例描述的情况来看，虽然企业规模不大，但“公司连续三年都保持了20%的销售额增长率，去年的销售额还首次突破了10亿元大关”，说明“酹江月”处于良好的成长状态。在这个时候，谈发展方向是必要的。我认为，这两个战略并不是简单的“选择”问题，其中包含着战略并存。

留守战略包含两个可能性：市场渗透战略和产品开发战略。

市场渗透是指立足于现有产品和现有市场，充分开发市场潜力，是企业最基本的发展战略，是当前企业利润和流动现金的主要来源，是企业一些活动的资源支持。通常的做法是改进广告、公关、短期减价、增加推销投入、增设商业网点等，在现有市场上扩大现有产品的销售。

产品开发战略是指立足于现有市场，开发新产品的做法，其目的是通过向现有市场投放新产品或利用新技术增加产品的种类，以扩大市场占有率和增加销售额。通常的做法是企业通过增加花色、品种、规格、型号等，向现有市场提供新产品或改进旧产品。

无论是市场渗透还是产品开发战略，前提都是系统地考虑市场需求、竞争态势和产品及营销组合。为此，“酹江月”需要大量信息，才有可能评估目前公司在市场渗透和产品开发两个方面做得怎样，将来有可能在哪个战略上有突破，怎么突破，这些信息主要包括：

“酹江月”在江浙沪市场中，以份额为判断标准，在黄酒市场中的竞争对手都是哪些？

如果以价格和场合/用途作为坐标来区分，“酹江月”及竞争对手在江浙沪市场中的定位图是什么样的？

“酹江月”在江浙沪三个市场中，业绩增长速度最快的是哪个市场？什么原因？最差的是哪个？什么原因？

“酹江月”目前的产品组合中，各个产品线的销售增长率与市场吸引力的现状是什么？按不同产品线，竞争状况又是如何？

以提高留守市场的现金流入能力为主要目标的话，现有产品组合需要做什么样的调整？

扩张战略，也有两种可能性：一是用现有产品去扩张市场；二是用新产品去扩张市场。从案例提供的情况来看，安徽和河南，是可能性最大的新市场。在向新市场扩张的过程中，结合酒类市场的特征，我认为企业最需要搞清楚目前市场开发程度是“推拉”策略的哪一种在起作用。

案例想表达的意思是，在饮酒品种选择上，江浙沪以外的市场并非完全不接受黄酒这个品类，尤其是邻近的一些省市，随着人口流动性的增加，越来越多的人因为黄酒的保健性而接受这个产品。尽管如此，新市场仍然存在着很大的消费者教育成本。“酹江月”从品牌地位上看，并非黄酒企业的领先者，要不要投入资金进行消费者教育抢占品牌的“大脑份额”先机，值得商榷。

但是，酒类商品的特殊性在于，这类产品的销售，通过商场超市销售给消费者的只是一个渠道，另外一个重要渠道是餐饮渠道。从策略上看，前者是“推”，后者是“拉”。如果“酹江月”已经获得的新市场业绩来源于“拉”，说明“酹江月”已经建立起了一定规模的渠道优势，也说明“酹江月”在新市场的餐饮渠道开发能力比较优秀。所以，在扩张新市场时，应该发挥这一特长。

留守战略和扩张战略，不是选择的关系，而是并列关系。如果不能保证留守战略的良好执行，企业的现金流就得不到良好支持。扩张是建立在原有市场保证成为“金牛类”业务的前提下的扩张。

【观点三】

徐立渊——快消行业资深大客户经理

“‘酹江月’既不是一个地位相对稳固的市场老大，也不是一个有着雄厚资金的市场新入者，虽然占据了10%的黄酒市场份额，但显然‘做大黄酒市场’这个命题目前还不

该放在战略计划的第一优先级别。”

案例面临的困境是现在的中型企业遇到的最常见的问题：做大还是做强？我的答案是：上市企业先做大，非上市企业先做强。

上市企业需要向市场交代自己的业绩，让市场看到一个光明预期，所以需要不断制造话题，为股东们画出一个又一个大饼；而非上市企业，就需要有一种“匠人精神”，用产品打造企业的核心竞争力，品牌、渠道、市场推广等都是围绕着“让消费者有更好的体验”而实施的。

“酹江月”虽然是个股份公司，但尚未上市融资，我们可以把它当作一个非上市企业看待。

先看市场状况，黄酒市场成长迅速，但整个市场规模偏小，且更偏向于地区性酒类，整个黄酒市场正处在一个有机会成为全国性品类的窗口。

但是，这个窗口对“酹江月”是不是一个可把握的机会？

从案例中可以看到，江浙沪是黄酒目前主要的销售市场，“酹江月”的主要市场根基还是应该在江浙地区。从品牌来看，德利和上海红枫的“霸主”优势很明显。而“酹江月”仅占10%的市场份额就认为市场蛋糕不够大，显然有吃碗里看锅里之嫌。

从资金角度看，“酹江月”年销10个亿，即使用一个比较夸张的比例30%来计算其品牌推广费用，3个亿还不够在几个卫视频道连做半年主要时段15秒的广告，更不用提除了品牌推广费用，还有甚至更高的渠道推广成本。

综合以上这两点来看，“酹江月”既不是一个地位相对稳固的市场老大，也不是一个有着雄厚资金的市场新入者，虽然占据了10%的黄酒市场份额，但显然“做大黄酒市场”这个命题目前还不该放在战略计划的第一优先级别。

至此，案例中的第一组问题：“是继续打周边攻主峰市场，还是考虑拓展全国市场”已经解决了一半，那就是不该考虑拓展全国市场。虽然这是个诱人的机会，但是对于目前的“酹江月”来说，它可能反而是个陷阱。

消费品企业最根本的资产是什么？是产品。但是在一个供远大于求的市场上，消费者为什么选择“酹江月”而不是其他品牌？“酹江月”在产品上同其他品牌有什么差异？

最完美的情况肯定是“酹江月”在产品的口感上比其他产品有显著的优势，例如，入口温和、不口干，等等。但是黄酒酿造技术发展了这么多年，已经接近成熟，要在口感上有特色难度非常大，更何况众口难调。

除了产品本身的差异外，再看看消费者有哪些特性？黄酒消费者一般在哪些场合会饮用黄酒？日常饮用的黄酒中，低价、中等、高端的比例分别占多少？宴请中饮用酒比例有多大？有了这些认识后，就会知道“酹江月”产品合适的定位和目标消费群。（选择目标消费群和合适定位切忌盯着最大的蛋糕，而是要选择最适合自身品牌及生产情况的那群消费者）

从案例中可以看到，“酹江月”是一个年代久远的品牌，但是并没有为自己做过一个详细的品牌定位，在做了进一步消费者调查后，“酹江月”应该把目前占据绍兴普通消费者的产品同“古法酿造工艺”的产品用不同的品牌区隔开，采用不同的市场推广和渠道策略。

“酹江月”的产品不具有成本优势，所以除了继续夯实基础产品外，进入新兴地区或者要抢占份额，毫无疑问都需要更多借助于“古法酿造”和“绍兴水源”的优势。合适的分销渠道就是保证这一系列产品调整举措生效的关键。举例来说，上海的婚宴中多数有黄酒，那么就要找到能够去有效覆盖上海主要婚宴场所的经销商，通过他们把“酔江月”推上婚宴餐桌，配合奖励经销商和酒店，给消费者带来喜庆感受的活动机制，逐渐抢占上海的婚宴用酒市场。而一股脑地进行全覆盖的分销，不但成本昂贵而且效率低下。

在选择经销商的过程中，公司需要把客户当成自身长期发展的合作伙伴，结合发展策略来选择有共同发展方向的客户长期合作，共同成长，对于那些损害品牌美誉度的经销商一定要毫不客气地清除。

在经历了几十年大鱼吃小鱼、小鱼吃虾米的现代消费品市场发展之后，随着互联网技术以及交互性技术的飞速发展，中小型企业突然又遇到了一个最好的发展窗口，消费品的宣传推广模式又回到了最初的口口相传状态。不一样的是，现在口口相传的传播速度快了许多，但传播成本却远远低于过去。广播式的品牌推广已经不再具有过去那种压倒性优势。对于“酔江月”来说，借助网络来做品牌推广是目前的最佳选择，一方面能够按照自身的品牌定位来进行推广，另一方面可以同时兼顾到“推广自身品牌还是推广黄酒品类”这个问题，需要注意的是网络推广要避免为了推广而推广，更多的是将其当作一个同消费者面对面交流的窗口。同时在销售方面，网络平台也是一个不可忽视的方面，自建平台利于长期发展。

至此，我给“酔江月”未来五年的发展定下基调：产品上，以高端黄酒作为突破口，避免同各路品牌在市场进行价格战；拓展战略以稳固现有市场，并且抢夺高端市场份额为主，在进军全国的战略中扮演跟随者的角色，从婚宴、商务宴请等角度寻找突破口；网络战略及品牌战略上要回归到消费品最初的状态——满足消费者、口碑传播、重视购物及使用体验的全过程。

资料来源：《市场营销》，2014 年第 2 期。

【案例分析三】

淑女屋的产品策略与 IPO 受挫再分析

任务一中的案例分析二从市场调研角度初步分析淑女屋的 IPO 受挫，这里从淑女屋的产品策略做进一步分析。

与男装相比，由于女性消费者在着装上追求个性化，喜欢独一无二的感觉，女装产品风格、款式众多，同质化程度较低，市场细分化程度高，品牌的市场定位除了年龄层次的区分外，职业、收入、受教育程度等也作为考虑因素，女装品牌众多，集中度较小，市场空间大。根据女性消费者复杂多样的消费需求，女装可划分为奢侈女装、时尚女装、少女装、淑女装、休闲女装、商务装或者职业装、成熟女装、运动装、功能性服装等。

中国女装市场高度分散，没有产生相对的龙头企业。淑女屋谨慎推算，自己的市场占有率在 0.35%～0.45%之间。2009 年，淑女屋获得中国服装协会女装专业委员会评选的中国女装五十强企业称号，名列年度产品销售收入第五名，年度利润总额第十名。淑女屋的童装、家纺更为弱小。表 2-1 显示淑女屋的产品（品牌线）组合和市场定位。

表 2-1 淑女屋的产品(品牌线)组合

品牌	淑女屋女装	淑女屋床上用品	自然元素	FairyFair	小淑女与约翰
市场定位	少女装 16～35 岁	床上用品	休闲女装 16～30 岁	成熟女装 25～45 岁	童装 3～13 岁
品牌内涵	诗情画意、浪漫情怀，做美好女人	甜蜜优雅、浪漫温馨的生活方式，享受美好生活	自然、街头、时尚，独具品位的休闲生活及流行文化概念，做休闲时尚女人	知性优雅、风情贵族，做幸福女人	爱与美的开始，用爱包裹的童话，做童话中的小公主与小王子
设计风格	清丽典雅 浪漫温馨 引人入胜	舒适温馨 精致经典 优美高贵	时尚前卫 贴近自然 简单舒适	知性端庄 感性优雅 美丽风情	可爱清新 典雅舒适 唯美纯真

表 2-2 说明了淑女屋的主要竞争对手(上市企业部分)的具体情况。整体来看，淑女屋销售收入较低，门店数量较好，但是单店业绩很弱。主要对手的店铺，定位较高，单店面积较大，配合品牌影响力，业绩一般比较理想。数据上似乎可以得出，淑女屋在相对弱小的条件下，品牌组合相对多、散，销售网点业绩不理想。

表 2-2 淑女屋的主要竞争对手(上市企业部分)

项目	发行人	朗姿	宝姿	凯撒	安莉芬	慕诗国际	艾格
主要品牌	淑女屋 自然元素 FairyFair 小淑女与约翰	朗姿、莱茵、卓可	宝姿、BMW、Lifestyle、Armani、Versace、Ferrari	凯撒	安莉芬、芬狄诗、COMFIT、LC、E-BRA	MOISELLE、MADEMOI-SELLE、IMAROON	ETAM、E-WEEKEND、E-SPORT、E-HOMME、E-LINGER IE
消费群体定位	16～35 岁各个年龄层追求时尚、美丽的女性	18～55 岁的都市成熟、潮流女性及白领女性	25～45 岁上流精英人士	35～55 岁事业有成的成熟女性	产品线丰富，满足多层次消费者需求	紧贴潮流及喜爱打扮的女士	18～25 岁追求时尚的女性
主要产品	女装、童装、床上用品、家居服	上衣、裙装、裤装、外套、饰品等	男女时装、鞋类、手袋、围巾及香水等配饰	男女时装、皮衣等皮革类制品	内衣、睡衣、家居服等	时尚女装、休闲装、童装、配饰	时尚女装、休闲装、内衣、睡衣、配饰
业务模式	设计、制造、零售、批发	设计、制造、零售、批发、许可经营	设计、制造、零售、批发、OEM、许可经营	设计、制造、零售、批发	设计、制造、零售、批发、OEM	设计、制造、零售、批发	设计、制造、零售、批发
销售收入(亿元)	5.87	5.89	15.68	3.74	11.62	1.84	33.67
门店(个)	直营：642 加盟：153 合计：795	直营：109 加盟：199 合计：308	直营：353	直营：127 加盟：163 合计：290	直营：1881	直营：70 加盟：5 合计：75	3044
单店收入(万元)	73.73	181.54	444.31	129.00	61.79	245.20	110.61

注：以上数据来自于对比公司的招股说明书或年报，发行人和对比公司的数据均为 2010 年的数据；慕诗国际年报日为 2011 年 3 月 31 日，其他公司为 2010 年 12 月 31 日；慕诗国际和艾格的门店和销售收入为在中国大陆的经营数据；慕诗国际和安莉芬控股计价币种为港元，其他公司为人民币。

表 2-3 显示了到 2011 年 6 月 30 日的淑女屋的品牌组合与营销网点分布数据。在国内百货商场中，商场通常将不同楼层或区域划分为少女装、淑女装、休闲女装、成熟女装或商务职业装、床上用品、童装等销售分区。在许多百货商场中，女装所占楼层数和面积往往大于其他种类服装。根据联销合同的约定，公司的淑女屋通常位于少女装或淑女装分区，自然元素位于休闲女装或少女装分区，FairyFair 位于成熟女装或者淑女装分区，小淑女与约翰位于童装分区，淑女屋的床上用品位于床上用品分区。可见，产品组合偏大，卖场空间的约束和分散，管理有一定难度，品牌影响力的整合也有较大的难度。淑女屋管理层也意识到："公司拥有良好的品牌形象，但与国际知名品牌企业相比，公司的店柜资源仍需要进一步丰富。公司需要在主要城市的核心商圈有自有物业作为门店，通过固定优质物业的长期经营，进一步提高公司品牌的市场影响力；随着公司产品系列和款式不断地增多，公司需拥有更大面积的店柜以有效展示公司的产品卖场形象。尽管公司已对信息系统持续投入开发，但随着公司业务规模的快速发展，公司亟须对已有的信息系统进行扩展升级，进一步提高供应链管理整合能力。"

表 2-3　淑女屋的品牌组合与营销网点分布(2011. 06. 30)

类型	淑女屋女装	淑女屋床上用品	自然元素	FairyFair	小淑女与约翰	总计
直营店	274	123	235	15	24	671
加盟店	93	1	62	2	1	159
合计	367	124	297	17	25	830

应该注意到，表 2-4 是简单给出淑女屋营销网点分类数据，如果换一个角度，一般来说，专卖店面积较大，管理难度较大，但是销售能力也大，比较容易彰显特色，也可以容纳更多的产品组合。专柜的情况相反，最大的困难受制于商场的分区，位置零散，难以统一发挥品牌的整体影响力。在细分女装市场上，专卖店的数量自然受到约束，这是一个管理上的难点。表 2-5 淑女屋营销网点分类效益数据在财务上，用单店销售收入和坪效两个指标做了具体说明。

表 2-4　淑女屋营销网点分类数据　　单位：个

品　　牌		2011 年 6 月末	2010 年年末	2009 年年末	2008 年年末
直营店	商场专柜	600	577	527	473
	专卖店	71	65	44	24
	小计	671	642	571	497
加盟店	商场专柜	141	137	121	69
	专卖店	18	16	12	15
	小计	159	153	133	84
合计		830	795	704	581

表 2-5 淑女屋营销网点分类效益数据 单位：元/店、元/平方米

项目			2011 年 1～6 月	2010 年度	2009 年度	2008 年度
直营店	商场专柜	单店销售收入	446048.75	800774.12	750197.59	824781.94
		坪效	5508.27	10976.73	10491.44	12802.89
	专卖店	单店销售收入	634340.52	776232.82	529957.95	828684.13
		坪效	5674.82	6450.99	3842.24	4912.54
加盟店	商场专柜	单店销售收入	184944.33	473748.64	411840.42	428823.28
		坪效	2463.29	5813.70	4919.61	5252.20
	专卖店	单店销售收入	201895.94	549016.13	580873.70	454474.41
		坪效	3174.19	7553.75	7070.17	5839.57

注：上表中单店销售收入系公司确认销售收入的金额；门店数系报告期各期末的数量；加盟店的单店销售收入和坪效以公司对加盟商的批发销售收入为基准计算的。

作为对比，大众市场的七匹狼上市七年来，2010 年销售收入做到 20 亿元，他们坚持一品牌多系列产品方向，主要分为红标、绿标、蓝标(swjeans)、童装(swkids)、女装(swladies)及圣沃斯(sepewolvs)六大产品系列，未来还计划推出黑标。其中红绿标收入占比为 93.15%。同时，通过代理国际奢侈品牌，学习管理经验。2011 年 3 月 29 日七匹狼宣布收购杭州肯纳服饰，开始代理意大利知名品牌卡拉利(Canali)和范思哲(Versace collection)及丹麦著名珠宝配饰乔治杰生(Georg Jensen)在大陆地区的业务，短期内是为了学习知名品牌的商品企划、订货会指导、终端管理等，长远看来有望增加未来新的盈利增长点。七匹狼管理层认为公司盈利能力大幅提升主要是公司在品牌建设、渠道拓展及营销宣传等方面精细化水平的提升，有效拉动销售增长，且有效地对费用形成了良好的控制。作为一种最终结果，表 2-6 淑女屋的产品线(品牌)组合效益分析(主营业务收入)也是很正常的。在这样的状态下，淑女屋如果能 IPO 上市成功，最大的投入方向依然还是淑女屋女装品牌和自然元素品牌。

表 2-6 淑女屋的产品线(品牌)组合效益分析(主营业务收入) 单位：万元

品牌	2011 年 1～6 月		2010 年		2009 年		2008 年	
	金额	比例	金额	比例	金额	比例	金额	比例
淑女屋女装	18819.27	54.97%	34802.13	59.37%	30642.20	64.45%	30446.45	68.20%
淑女屋床上用品	3386.95	9.89%	5681.31	9.69%	4276.09	8.99%	3897.49	8.73%
自然元素	11045.87	32.26%	16865.86	28.77%	11825.59	24.87%	9634.14	21.58%
FairyFair	531.56	1.55%	874.21	1.49%	591.47	1.24%	595.34	1.33%
小淑女与约翰	454.22	1.33%	395.46	0.67%	212.20	0.45%	68.20	0.15%
合计	34237.87	100.00%	58618.96	100.00%	47547.55	100.00%	44641.62	100.00%

思考题

1. 如果你作为淑女屋的管理层，如何管理产品组合？

2. 有人认为淑女屋的营销网点较弱，但是与品牌组合无关。你如何评论？为什么？

【案例与思考】

绫致 O2O 突围战

仅仅用三个月的时间，服装零售巨鳄绫致时装公司拿出 66 家门店做试验，带来 1000 万的销售额。绫致与微信 O2O 合作，为互联网浪潮下的传统服装企业突围，提供了很多可参考的价值。

3 个月的时间，仅仅拿出 66 家门店做试验，却带来了 1000 万的销售额——仿佛一夜之间，服装零售巨鳄绫致时装公司四大品牌(旗下包括 ONLY、JACK&JONES、VEROMODA、SELECTED 四大品牌)与微信合作的 O2O 试验，为传统服装行业吹来了一阵春风。

时间回溯到 2013 年 6 月，当时腾讯微购物总经理叶顺福找到绫致电商部门的同事，希望与其合作，进行“微购物”平台 O2O 业务模式推广，绫致时装公司副总裁林巧听过后，对这一模式的第一反应是很好奇，“我们自己的线下店业绩目前已经做得很好，但是，现有的业务很容易封顶，如何在现有的思维模式下进行最大限度的突破，这是我思考的问题。”看起来是简单的几句话，实际上在整体的探索规划中，绫致也做了很多的功课。

现阶段问题——实体店与电商的发展阻碍

作为一家来自丹麦的外来服饰公司，绫致在中国市场风生水起的发展，一直都被广为称道。绫致旗下品牌对于中国年轻消费者的吸引力也让它成为国内大型购物商场的标配，几乎所有希望覆盖年轻时尚休闲服饰市场的大型商场，都会邀请其入驻。也正是其针对中国市场在品牌和产品定位、渠道策略、营销方式等方面做出的本土化改造，让绫致获得了超常的发展速度，成为比本土企业更加了解中国市场的“中国通”，业内甚至有“无绫致，不商场”的说法。

据悉，绫致时装公司旗下品牌目前已覆盖中国 300 多个城市，门店数量达 6000 多家。其中，JACK&JONES(杰克·琼斯)和 ONLY 分列国内男女装第一品牌。然而，即便是这样的巨无霸企业，在过去的两年中依然遭遇了很多问题和挑战。

首先的一个问题就是，店铺客流量下降。2012 年、2013 年，是中国商业上市最多也最快的两年。然而，一个严峻的现实是，商业项目上市的速度远大于中国消费者的消费能力，这就导致单店的客流量开始下滑。很多传统服装企业长时间累积的弊病开始在这个时候体现。

其次，店铺客户群也发生了一定程度的变化。目前，线上渠道活跃的基本上是“80 后”、“90 后”群体，这就导致实体店的年轻客流量下降。在林巧看来，这也正是线下很多品牌开始往成熟女装方向转移的原因。

再次，中档品牌很丰富。中国的快消领域品牌繁多，竞争激烈。一方面，越来越多的国际知名快消品品牌进入中国市场；另一方面，中国是服装加工大国，很多本土品牌异常活跃，中档品牌格外丰富。这种情况下，很多品牌都面临着客流量流失的问题。

最后，体验单一，客流转化困难。随着电商的发展，常常会衍生出这样的场景，

客人在店内逛完后，去线上看看有没有更好的款式，或者客人懒得大包小包往家提东西，在店内试穿后，去线上下单。“整个购物体验中，我们跟顾客的接触还是不够，有些被动。”林巧说。

上面谈到的是实体店遇到的问题，但事实上，绫致公司电商业务做得最好的JACK&JONES也面临着很多障碍。“我们做线上业务也有三四年了，为什么没能创造很大的增长，就是因为电商本身有它的缺陷，就是你在线上买东西的时候是跟机器互动的。”林巧如是说。除此之外，由于线上购物的人群目前还是对价格比较敏感，企业一般都会把中低价位段的产品，或者库存的产品放到网上。这样的情况下，如何扩大线上业务也成为一个大挑战。

绫致怎么做？——利益链条的打通

想象一下，你进入某家实体服装店铺，看重某款心仪的衣服，打开微信扫描吊牌上的二维码后，手机上马上就会根据库存状况出现相关的服饰搭配。你可以当下选中某款衣服在店里下单，也可以通过微信下单，或者收藏相应款式，回家后参考家人的意见再考虑要不要购买；你可以直接在店里下单并拿走货品，也可以回家后下单通过快递寄送到家；你还可以把服装信息分享到微信朋友圈、QQ空间、腾讯微博，征集朋友的意见。

这就是绫致正在和微信“微购物”平台合作做的事情。“传统线下店铺面积有限，可以陈列的货品有限，JACK&JONES可能有一千多个款式，但是店铺里面，顶多也就百十款，通过一个小小的二维码，让消费者链接到线上商城，通过搭配吸引消费者看到更多商品，线上享受线下的流量，线下享受线上的服务，充分释放线下店铺这个活广告带来的客流。”林巧进一步解释道。而这也正是绫致希望借用微购物平台改善的地方。

之后，一系列新的问题产生，这种完全打破传统交易的模式中，店铺、商场、导购为什么愿意参与进来？如何调动链条上各个角色的积极性？

绫致的思路是：

首先，绫致的渠道都是直营的，没有加盟，所以可以全盘一体化管理，只要分配好利润空间，就可以参与。“我们旗下ONLY的负责人非常积极地推动此事，所以这个项目首先在ONLY的店铺里试验。”林巧补充说。

接下来是商场。联营制的商场，是要跟品牌商分成的，通过网络渠道切走店铺订单，商场岂不是有损失？商场为什么会同意？“绫致尽量让顾客在商场下单，目前还未看到太大阻碍。此外，绫致的线下店铺有2/3是在大型购物中心的独立点，这一方面问题也不是太大。”林巧坦言。

另外还有重要的一环，那就是直接与消费者接触的导购。如何调动他们积极地引导用户用手机扫描二维码呢？绫致把每个导购的编码与店铺的编码建立关联，当顾客决定下单的时候，必须要扫描导购的二维码才能下单。这就使得每一个订单对应一个导购，导购对应店铺，店铺对应各个销售大区，整个传统营销体系的积极性也被调动起来。即使消费者回家下单，也是这个导购的业绩，也就是所谓的“人单合一”。

微信得到了什么好处呢？据林巧介绍，他们和微信的合作采取扣点模式，微信能获得整体销售额0.5%的扣点。做个算术题，绫致有300多亿的线下规模，哪怕能带来10%的增长，30多亿销售额的千分之五就是1500万，这对于微信来说当然也是很有好处的。

绫致的电商团队什么意见呢？免费流量、分成模式。对于电商团队而言，他们是直接的受益方，而作为运营团队，需要克服的则是建立一整套流程体系。绫致电商负责人张一星在接受媒体采访时曾表示，他们最近在无线上花费了大量精力，每天除了统一的晨会外，还专门开无线部门的会议，商量各种流程细节。

意义何在？——引流与优势互补

O2O的实践会转移实体店客流吗？绫致这么做的真正价值何在？林巧给了如下解答：

第一：引流价值。“我们的原则是，每一个新渠道的出现，都是在完善原有渠道的基础上，对生意的总量有帮助，才会投入地去做这件事情。”林巧强调，绫致与微信合作的O2O模式，第一大价值就在于，能够促进实体店客流的增长。

此外，这样的做法还可以促进品牌与消费者的互动。一来，品牌可以根据顾客以往的消费记录等信息为他们推送相应衣服，他们会从中选取感兴趣的，再到店里试穿；二来，当顾客有购买某种商品的需求时，不用去每一家商店看，他只需要给关联过的导购发一个邀请，询问是否有相应商品，导购在他的购物专区里面筛选出顾客想要的产品，并把款式等信息推送给顾客，顾客确认喜欢，那就可以预约留下产品，并找时间去取货。

这样，顾客的消费流程就从原来漫无目的的状态，转变为更有效率和目标的状态，而这也正是吸引客流量的重要原因。

第二，互补价值。这里就又牵扯到另一个问题——顾客在收到推送信息后，没有时间去实体店试穿体验的话怎么办？

直接在线上购买吗？当然不是！顾客除了在线上下单外，还多了一个选项，那就是跟导购互动。当然，前提条件是，顾客要跟导购进行过关联，且信任他。之后，导购就可以为消费者提供长期的定制服务。“其实这个线上下单比传统的电商下单有更多的私人定制服务，也是O2O能够带给顾客的价值所在。”林巧补充。

他们还在研制一个导购APP软件，顾客到店与导购关联后，以后在购买服装上遇到的任何困难，都可以发给导购。这样，顾客就可以在导购筛选过的基础上做好选择，到店10分钟内完成试穿，如果没有顾客所要款式，他们还可以从其他店调货。

“常规情况下，顾客在实体店体验过后，成交率大概只有20%～30%，剩下那些没有成交的人，如果觉得失望或者穿了店里的衣服都不好看的话，他是会对品牌产生不好的印象的”。在林巧看来，跟导购的预约和互动能够很好地解决这一问题。这样的话，就能够保证每个顾客进入实体店时，能有完整的购物体验，成交率也得到提高。

也就是说，这样的模式既能为线下店带来客流量，同时也利用微购物平台为顾客提供了更多的产品，帮助他们完善了购物体验。

第三，延伸服务价值。常常会有这样的情况，在实体店购物的顾客，会为自己的亲人购买衣服，在传统的消费模式下，80%的人可能会因为对方不喜欢，直接放弃购买。“微购物”模式下，店内顾客可以把产品收藏，回家后给老公、老婆看一下，对方觉得满意，然后再从线上下单。“我们会把现在整体的消费从实体店延伸到消费者的生活当中。”林巧表示，目前通过收藏功能达成购买的顾客已经可以占到百分之十几。

未来的挑战——技术完善与导购培训

“没有什么业务模式在刚出来的时候就能成为神话，也不是说所有人都在高喊O2O，O2O就能落实到位。由于涉及线下所有门店，而且还需门店销售人员的配合，这项业务在推进的过程中也有很多需要面对的困难。”林巧坦言。

第一，就是很多硬件和软件的问题，因为无论对腾讯还是绫致，都是第一次尝试这样的业务模式，各方面经验还不足。O2O模式落实到硬件和软件，如何细分功能才能以最人性化的姿态呈现。这个是需要在销售过程中不断了解消费者，才能不断完善的。“目前，我们在平台的功能人性化细分上面，可能也就走了百分之六七十，今后还必须在推进过程中不断完善。”正如林巧所比喻的，初步尝试这么做的品牌就像一只小白鼠，消费者体验好，消费者会觉得品牌好洋气；体验不好的话，他们就会觉得品牌给自己造成很大麻烦，对品牌留下不好的印象。

第二，数据不稳定。由于刚刚上线，数据平台做得还不够完善，偶尔会出现数据平台不稳定，库存突然为零的情况。

第三，导购的培训。以VERO MODA为例，他们有1800家店，2万名导购，要让这2万名导购跟顾客去对接，就必须首先让他们对基于微购物平台的O2O模式有一定了解，这就需要对他们进行培训。“有些导购使用的可能都不是智能手机，而且，线下导购跟线上导购的沟通技术差别很大，导购本身的水平也都是参差不齐，如果沟通不当，对顾客造成骚扰，反而影响品牌形象。所以，我们会根据他们平时的业绩划分为优秀、中级、初级，从中遴选出优秀者摸索经验，总结之后再一步步扩散。”在林巧看来，这种业务模式几乎是对线下销售人员的一个划时代的挑战。但困难再大，绫致也要尝试，努力让导购从意识层面到操作层面，进行完美蜕变。

资料来源：《成功营销》，2014年第2期。

三、实训项目

1. 实训任务

(1)经过市场调查的结果，讨论该产品是否具有开发前景，若没有得到市场认可，请重新设计产品，并重新进行市场调查；

(2)小组分析讨论产品的五个层次，并为产品设计品牌和包装。

2. 实训要求

(1)表述产品的改进思路；

(2)完整描述产品的五个层次；

(3)初步设计产品的品牌与产品的包装。

3. 实训评价

工作任务	技术技能要求	分项评语
团队分工合作	要求积极参与，各尽所长、各负其责，既有分工，又要注重与人合作、交流沟通。	
提出建议	要求小组成员集思广益、充分交流沟通，凝聚共识，个人服从小组决定。	
信息交流	与任务相关的知识和信息，语言交流的艺术和技巧，总结性语言运用的技巧。	
自我学习	积极地寻求和利用有关方面的反馈和配合，以实现目标。重点保证并采取有利于实现目标的行动。	
创新能力	客观分析事物发展与需求之间的矛盾关系，提出独特的改进产品的创新点和意见，充分运用创新需要的信息和资源。	
解决问题	选择不同的方式来揭示问题的性质、细节和特点，并对同类问题进行比较，核查影响问题的可变因素，从不同角度提出认识问题的观点。	

4. 自我总结

5. 教师评价

任务三　市场营销环境

一、相关理论知识

(一)市场营销环境的概念与特征

1. 市场营销环境的概念

市场营销环境指影响企业的营销活动及其营销目标实现的各类因素的总和。根据营销环境对企业活动发生影响的方式和程度，可将市场营销环境大致分为：微观市场营销环境和宏观市场营销环境两大类。

2. 市场营销环境的特征

(1)客观性

市场营销环境是客观存在的，是不以营销者意志为转移的因素。因此，企业应积极主动地预测、发现、分析环境变化的趋势，尽早去发现那些潜在的市场机会，主动调整市场营销战略，创造出良好的环境条件。

(2)多变性

对于企业来说，营销环境变化本身无所谓绝对的好与坏，因为，环境的多变性给企业带来威胁，同时也带来机会。企业必须积极调整自身来适应环境的多变，反之则会被市场淘汰。

(3)不可控性

市场营销环境作为一个复杂多变的整体，单个的企业不能控制它，只能适应它。而对于营销环境中绝大部分单个因素，企业也无法控制，只能在基本适应中施加一些影响。

(4)复杂性

构成市场营销环境的诸因素是一个动态系统，随着社会经济的发展受各种因素的影响在不断变化。营销环境各因素之间相互制约、相互影响。某因素的变化，可能造成其他相关因素的变化，从而形成新的营销环境。

(二)市场营销宏观环境

1. 政治法律环境

政治法律环境是影响企业营销的重要的宏观环境因素之一，包括进出口国家和地区的社会因素、政治体制、执政党派及有关经济政策和外贸政策，还包括国际上的和东道国的各种经济法令和条例等。

2. 经济环境

市场营销是企业的一种经济活动，因而受经济环境的影响极大。一个国家和社会经济运行状况及其发展变化趋势将直接或间接地对企业市场营销活动产生影响。经济环境是指企业进行营销活动时所面临的外部社会经济条件，主要包括经济体制、经济发展阶段、经济收入、消费结构等。

3. 科技环境

科学技术是人类在长期实践活动中所积累的经验、知识和技能的总和。科学技术环境给人类带来了很大好处，极大地促进了生产力的发展，科学技术深刻地影响着人类社会历史进程和社会经济生活的各个方面，对企业营销活动产生了巨大影响，尤其是在面临原料、能源严重短缺的今天，科学技术往往成为决定人类命运和社会进步的关键所在。

4. 自然环境

一个国家、一个地区的自然地理环境包括该地的自然资源、地形地貌和气候条件。从长远的观点来看，自然地理环境包括该地的资源状况、生态环境、环境保护等。自然环境的发展变化，对企业市场营销活动起着制约作用。

5. 人口环境

人口环境是影响企业市场营销活动的一个重要因素，是市场营销人员最感兴趣的环境因素之一。因为人口是构成市场的直接要素，哪里有人，哪里就有衣、食、住、用、行等各种消费需求，而市场需求是由具有消费欲望，并有货币支付能力的消费者所组成，购买货物的人越多，市场容量就越大，所以任何一个企业都必须重视对人口环境的研究。

6. 文化环境

消费者在一定的社会文化环境中生活，其思想和行为必定要受到社会文化的影响和制约。在不同文化背景下成长和生活的人，即使收入完全相同，消费行为也不同。企业在一定的社会文化环境中从事营销活动，其经营行为也要适合社会文化的要求。社会文化主要包括一个社会全体成员所共有的核心文化和社会中各种不同群体所特有的亚文化。

(三)市场营销微观环境

微观环境是影响企业市场营销组合决策的主要因素，对企业市场营销行动产生更为直接的影响。通过对微观环境的分析，可以明确企业的优势和薄弱环节，从而在市场营销组合决策中充分利用企业的有利条件，采取有效的管理措施。

企业微观环境是指直接影响企业营销能力的各种参与者，包括企业内部、供应商与营销中介、客户、竞争者和公众。

1. 企业内部

任何企业的市场营销活动都不是某个部门的孤立行为，而是企业整体实力与能力的体现，是企业内部各部门科学分工与密切协作的组织行为。企业的市场营销部门同企业其他部门发生着各种联系，受到企业微观环境的影响。

2. 供应商

供应商是专门提供市场所需资源的企业和个人。现代市场经济条件下，无论什么企业的生产经营活动都需要一定的生产资料供应作为保障。因此，企业必须对供应商进行考察。

3. 营销中介

营销中介是指为企业营销活动提供各种服务的企业或部门的总称，这些营销中介

包括中间商、物流公司、融资机构及其他营销服务机构。随着市场经济的高度发展，社会分工越来越细，这些中介机构的影响和作用越来越大。

4. 顾客

顾客是企业营销环境因素中最重要的环境力量。顾客通常指与企业有着业务关系或利益关系的组织或个人，也就是通常所说的用户或消费者。顾客是企业营销活动服务的对象，企业的目的是为了满足顾客的需要。顾客及其需求是企业生产经营活动的出发点和归宿点，是企业生产经营决策的根本依据。

5. 竞争者

竞争者是一个相对的概念，一般指企业或个人将其他与其生产、经营、研究开发同类或类似产品的企业或个人称之为竞争者。一般地说，为某一客户群体服务的企业不止一个，企业的营销系统是在一群竞争对手的包围和制约下从事自己的营销活动。这些竞争者不仅来自本国市场，也可能来自其他国家和地区；不仅发生在行业内，行业外的一些企业也可能通过替代品的生产而参与竞争。

6. 公众

公众是指对企业的营销目标和营销能力有实际影响或潜在影响的群体。企业在向客户提供产品或服务的过程中，不仅要和供应商打交道，与竞争对手争夺市场，还要面临社会性公众。社会性公众既可以增强也可能削弱企业实现目标的能力。

（四）营销环境对营销活动的影响

1. 市场营销环境机会与威胁

市场营销环境机会是指企业进行市场营销活动的特定环境条件，在这种环境条件下，企业经过一定的努力，通过市场营销活动能够创造出一定的利益。

市场营销环境威胁是指企业由于未能根据市场营销环境条件的变化及时调整相应的市场营销策略，导致市场营销环境给企业带来某种不利影响。

2. 市场营销环境的价值因素

有效地捕捉和利用市场机会，是企业营销成功和发展的前提。企业只有密切关注营销环境变化带来的市场机会，适时地做出恰当的评价，并结合企业自身的资源和能力，及时将市场机会转化为企业机会，才能够开拓市场、扩大销售、提高企业的市场占有率。

营销者对环境威胁的分析主要结合两方面来考虑：一是环境威胁对企业影响的程度；二是环境威胁出现的概率大小。

3. 综合环境分析

(1)理想环境。即高机会低威胁环境。这个环境是企业难得的好环境。企业应当及时抓住机遇，开拓市场。

(2)冒险环境。即高机会高威胁环境。这种环境存在较大利益的同时还面临着较大的风险，企业必须加强调查研究，进行全面的环境分析，审慎决策，降低风险，争取利益。

(3)成熟环境。即低机会低威胁环境。这是一种较为平稳的环境，企业一方面要按常规经营，规范管理，正常运营以取得平均利润；另一方面要积蓄力量，为进入理想环境或冒险环境做准备。

(4)困难环境。即低机会高威胁环境。困难环境里风险大于机会，企业处境困难，必须设法扭转局面，果断决策，改变环境或转移目标市场，重新定位以求发展。

面临不同的威胁及机会环境，企业营销部门要制定恰当的营销对策，慎重行事。因为，有需要未必有市场，有市场未必有顾客，或者虽然有顾客，但目前又未必是一个好市场，种种机会也许是个陷阱，而看上去是陷阱的也许是个好机会。

缺乏科学预测及经验的营销者，对某些领域表面上的机会可能会做出错误的判断，造成不可挽回的损失。所以，对市场机会还必须深入分析其性质，以便寻找对自身发展最有利的市场机会。市场机会从性质上看，可分为以下四种。

第一种：环境市场机会与企业市场机会。市场机会实质上看是“未满足的需求”。伴随着需求的变化与产品生命周期的演变，有新的市场机会不断涌现。但市场机会对不同企业而言并非都是最佳机会。一般地，理想环境和成熟环境才是企业的最好机会。

第二种：行业市场机会与边缘市场机会。企业通常都有其特定的经营领域，出现在企业经营领域内的市场机会，称之为行业市场机会；出现于不同行业之间的交叉及结合部的市场机会则称之为边缘市场机会。一般讲，边缘市场机会环境的进入难度大于行业市场机会环境，但行业与行业间的边缘地带通常会存在市场空隙，企业可以在这些市场空隙里发挥自己的优势，以求得到发展。

第三种：目前市场机会与未来市场机会。从环境变化的动态性分析，企业既要注意目前环境变化中的市场机会，也要关注未来、预测未来可能出现的需求及消费倾向，以及时把握未来的市场机会。

第四种：全面市场机会与局部市场机会。市场从其范围来看，有全面的、大范围的市场和局部的、小范围的市场之分。全面的市场机会是大范围市场上出现的机会，如国际市场、全国性市场等；局部的市场机会则是指在局部市场上出现的尚未满足的需求。全面市场机会对各个企业都有普遍意义，因其反映了环境变化的一种普遍趋势；局部市场机会则对有意进入某个特定市场的企业有意义，因为这意味着该市场的变化有区别于其他市场的趋势。

(五)市场营销环境分析方法

1. SWOT 分析法

市场营销环境分析常用的方法为 SWOT 法，它是英文 Strength(优势)、Weak(劣势)、Opportunity(机会)、Threaten(威胁)的意思。

(1)外部环境分析(机会与威胁)

环境机会的实质是指市场上存在着“未满足的需求”。它既可能来源于宏观环境，也可能来源于微观环境。随着消费者需求不断变化和产品寿命周期的缩短，引起旧产品的不断被淘汰，要求开发新产品来满足消费者的需求，从而市场上出现了许多新的机会。

环境机会对不同企业是不相等的，同一个环境机会对一些企业可能成为有利的机会，而对另一些企业可能就造成威胁。

环境威胁是指对企业营销活动不利或限制企业营销活动发展的因素。这种环境威胁，主要来自两方面：一方面，环境因素直接威胁着企业的营销活动，如政府颁布某种法律，诸如《环境保护法》，它对造成环境污染的企业来说，就构成了巨大的威胁；另一方面，企业的目标、任务及资源同环境机会相矛盾。

(2)内部环境分析(优势与劣势分析)

识别环境中有吸引力的机会是一回事，拥有在机会中成功所必需的竞争能力是另一回事。每个企业都要定期检查自己的优势与劣势，这可以通过填写"营销备忘录优势/劣势绩效分析检查表"的方式进行。管理当局或企业外的咨询机构都可利用这一格式检查企业的营销、财务、制造和组织能力。每一要素都要按照特强、稍强、中等、稍弱或特弱划分等级。

2. PEST 分析法

PEST 分析法是一个常用的分析工具，它通过四个方面的要素分析从总体上把握宏观环境，并评价这些要素对企业战略目标和战略制定的影响。

P 即 Politics，政治要素，是指对组织经营活动具有实际与潜在影响的政治力量和有关的法律、法规等因素。当政治制度与体制发生变化、政府对组织所经营业务的态度发生变化时，当政府发布了对企业经营具有约束力的法律、法规时，企业的经营战略必须随之做出调整。

E 即 Economic，经济要素，是指一个国家的经济制度、经济结构、产业布局、资源状况、经济发展水平以及未来的经济走势等。构成经济环境的关键要素包括 GDP 的变化发展趋势、利率水平、通货膨胀程度及趋势、失业率、居民可支配收入水平、汇率水平，等等。

S 即 Society，社会要素，是指组织所在社会中成员的民族特征、文化传统、价值观念、宗教信仰、教育水平以及风俗习惯等因素。构成社会环境的要素包括人口规模、年龄结构、种族结构、收入分布、消费结构和水平、人口流动性等。其中人口规模直接影响着一个国家或地区市场的容量，年龄结构则决定消费品的种类及推广方式。

T 即 Technology，技术要素。技术要素不仅仅包括那些引起革命性变化的发明，还包括与企业生产有关的新技术、新工艺、新材料的出现和发展趋势以及应用前景。在过去的半个世纪里，最迅速的变化就发生在技术领域，像微软、惠普、通用电气等新技术公司的崛起改变着世界和人类的生活方式。同样，技术领先的医院、大学等非营利性组织，也比没有采用先进技术的同类组织具有更强的竞争力。

二、案例分析

【阅读资料】

伊利重装归来

进入 4 月之后，国内各大乳品企业相继公布 2008 年年报。在这个不堪回首的年份里，三元毫无悬念地成为唯一的盈利企业，伊利则提出了国内四大上市乳品企业中最大的亏损额：全年实现主营业务收入 215.38 亿元，同比增长 12.13%，全年亏损 16.87 亿元。相比之下，三元营业收入 14 亿元，同比增长 28%，净利润 4076 万元，同比增长 87%；光明和蒙牛 2008 年亏损分别为 2.86 亿元和 9.48 亿元。

不过，同一天发布的伊利 2009 年第一季度财务报表却显示了惊人的反差，伊利以销售额和利润额双双同比增长领涨整个乳业：主营业务收入增长 8.25%，达 50.99 亿元，是目前发布季报的乳品企业中的销售冠军；净利润同比增长 103.59%，达到 1.13 亿元，比去年同期增长了一倍以上。

“我们是乳制品龙头企业中唯一一家主营业务收入和净利润都超过去年同期的企业，这个成绩来之不易，经历了漫长的复杂过程。”伊利集团执行总裁张剑秋对《商务周刊》表示，2009 年伊利将力争实现主营业务收入 216 亿元，利润总额 5 亿元。

在张剑秋看来，“少说多做或者只做不说”的伊利在处理三聚氰胺风波上，“策略是准确的，措施是得力的”。而经历“三聚氰胺事件”的炼狱之后，伊利的“蜕变重生”之快也让很多人感到意外。

变中求胜

在奶粉产品上，“伊利和三鹿的产品定位、品牌定位、价格定义等都很相似，三鹿的破产，给伊利提供了机会。”乳业专家、北京盛华永道营销策划机构总经理雷永军对《商务周刊》说。

据 AC 尼尔森最新监测数据显示，由于成功抢占三鹿退出后的大部分市场，伊利一季度婴儿奶粉同比增长 11.3%。从销售数据监测观察，伊利奶粉以环比增长 22%的成绩引领了整体市场的迅速恢复。

这不仅仅只是竞争对手给予的外部条件。“以最快的速度应对市场变化，才是伊利此次制胜的法宝。”中国乳制品协会首席专家南庆贤对《商务周刊》说。

中国乳业曾经共同构筑了一个保守行业秘密的“防火墙”，“防火墙”被三聚氰胺摧毁后，他们不得不分别在自己的企业内重建质量控制的“防火墙”。

集中全力强化品质检测，是乳品企业在“三聚氰胺事件”集中爆发后的第一反应。但伊利的反应更快、更全面。据张剑秋介绍，“三聚氰胺事件”发生后的一周内，进驻伊利所属各奶源收购站和加工工厂的检测监管人员接近一万人。监管员每两人一组，全程监督挤奶和罐装情况，每一罐送奶车入厂前，检测人员对包括三聚氰胺在内的各项指标进行质量检测。而在每一批乳制品出厂前，在伊利集团的检测员检测合格后，质检部门的监管人员还要进行复检，两次检测都不含三聚氰胺方可出厂。

在原料奶检测环节，伊利除进行 40 多项常规检测之外，还额外新增了 76 项自检项目，超出国家标准的 99 项检测。主要集中在对兴奋剂、激素、非蛋白氮和抗生素等有害物质方面的检测，同时大幅提升营养含量和卫生指标的标准。

实际上，对原料奶、原辅材料、包装材料、各类产品的检测项目伊利累计达 899 项，大大超出了国家标准。但显然近千项检测还不够，张剑秋告诉记者，伊利还另投入一亿元用于采购专项的检测设备，将之命名为“放心奶工程”。

这一亿元资金，主要用来从美国、日本进口先进的检测设备，包括气相色谱—质谱仪、酶标仪、高效液相色谱仪以及酶联免疫试剂盒。伊利是国内唯一一家拥有气相色谱—质谱仪并能够用气相色谱—质谱法检测的乳制品企业。

由于需求量大，检测设备一度出现脱销状态。“我们号召了集团所有人员，多方打听最新的设备来源。当得知一批检测设备将于近期抵达海关，就立刻派人联系设备厂家，从海关直接‘抢’走了这批设备。”张剑秋说。

“放心奶工程”推行后，去年9月以来，仅伊利在呼和浩特的工厂每天平均就有2000名消费者参观。如此大规模的零距离参观活动在中国乳制品企业史中并不多见。

伊利开了个好头。紧接着，光明给奶牛发放了“身份证”，把自己的牧场命名为“安心牧场”；蒙牛则推出了“牛奶安全工程”。但紧接着在2009年11月13日，伊利又率先推出了中国食品行业第一个数字化参观平台。

这是乳品行业第一家全面开放、全景呈现、全程透明的数字化参观平台。从奶牛饲养到机械挤奶，从产品灌装到出库流通，消费者可以通过视频随时看到伊利产品生产的全部细节。“这种实时化、零距离、全方位的参观方式在国内食品行业尚属首例，也正式开启了中国乳制品行业透明监督的先河。”乳业资深专家陈渝对《商务周刊》说。他认为，首个数字化参观平台的意义不仅在于满足了消费者的参观需求，也显露出企业的成熟心态，“乳品企业真正需要开放的不仅仅是工厂，而应该是心态”。

不过中国社会科学院农村发展研究院研究员、中国林牧渔业经济学会畜牧业经济专业委员会主任委员刘玉满提醒道，伊利只是给中国乳业复兴开了一个好头，提供了一个好的样本，“但并不意味着‘冬天’很快就会过去，这还需要一个过程”。

塑造乳业转型期的样本

5月25日，“伊利集团携手中国2010年上海世博会启动仪式”，在服务奥运会后，伊利再次成为2010年上海世博会唯一乳制品高级赞助商。从蒙牛手中夺走行业第一地位之后，伊利又获得了一场重要的胜利。

张剑秋也承认，“乳业的复苏之路是一场乳业的赛跑，从目前结果来看，伊利暂时领先”。他认为，这得益于伊利集团完整、丰富的产品线，并且在行业中率先完成了产品结构的战略升级，从而使得伊利拥有业内最为完善的抗风险能力，所以复苏周期最短、复苏情况最好。

自2007年起，伊利就完成了产品结构的战略升级，形成了液态奶、酸奶、冷饮、奶粉等多个品类共存、中高档分层消费、多层并举的产品结构。仅去年一年，伊利新增或改进产品就有200余种。以伊利营养舒化奶、金典牛奶、优品嘉人优酪乳、伊利金领冠婴幼儿配方奶粉等为代表的高附加值、高科技含量的产品成为企业重要的市场增长点，销售已占到业务总额的40%以上。

AC尼尔森的最新数据显示，伊利普通纯牛奶、高端奶、功能纯牛奶等五大产品的销售额明显上涨，各单品增长速度快于行业6.1%，高端奶销量增长速度快于行业10.4%，功能纯牛奶销量增长速度快于行业25.8%，婴儿奶粉也出现同比增长113%。

“三聚氰胺事件”之后，伊利加快了产品的更新换代，不断将知名产品进行升级、换装并推出全新的高端功能性产品。“伊利的产品结构中该段产品还是不够强，最近推出的一系列产品就证明它已经认识到了这个问题。”雷永军说。

张剑秋也指出，伊利今年一季度销量回升的一个重要原因，确实是新产品陆续投入市场和高端乳品市场竞争力的增强。他补充说，另一个重要原因是伊利很好地实现了与渠道商共赢。“在乳业，得渠道者得天下。”张剑秋说，“渠道作为最贴近消费者的环节，对乳业市场的景气程度反馈最为直接，它会进一步放大企业在产品和品牌上的努力。”2006年，伊利就在全国范围内开展了“织网计划”，积极开拓二线、三线市场。从东北至华南、从华东到西南，在全国十多个销售大区建立现代化生产基地，实现生产、销售、市场一体化运作。2007年伊利又作为唯一一家乳品企业，被商务部推荐加入“万村千乡市场工程”活动。

“三聚氰胺事件”之后，伊利开始进行异业合作，拓宽企业的渠道维度。2009年4月，伊利与中石油达成战略合作伙伴关系，伊利的产品以货架饮料区陈列、冰柜和冷风柜陈列、堆头陈列等方式进驻到中石油下属的全国18 000家加油站便利店网点，开启乳业零售渠道的新“蓝海”。

“以牛为本”

3月9日，国家财政部下发了《关于延长原料奶收购贷款中央财政贴息政策期限的通知》，将原定的贴息期限由3个月延长到6个月。内蒙古列入工业和信息化部、财政部乳制品生产企业贷款贴息名单的企业共获得金融机构贷款36.157亿元，按照新的贴息期限计算，内蒙古企业可享受中央财政贴息5613万元。其中，伊利可享受财政贴息3097万元，是“待遇”最好的一家企业。

此前，政府已出台了一系列政策扶持受到重创的中国乳业。2008年11月19日，国务院发布了由13部委联合推出的《奶业整顿和振兴规划纲要》，今年4月1日起正式执行的《乳制品加工行业准入条件》明确鼓励企业通过资产重组、企业兼并等方式，合理扩大生产规模。在政策的带动下，乳业巨头们开始了“乳业复兴运动”。

在这场赛跑中，奶源是比产品结构更为重要的一环，它不仅直接决定了产品的品质，更决定了企业的实力和抗风险能力。在奶源基地建设方面，伊利一直是先行者，也是规模饲养的推动者，掌控全国三大黄金奶源牧场——内蒙古呼伦贝尔、新疆天山草原和黑龙江杜尔伯特。到目前为止，伊利为奶农发放的奶款已经累计达到400多亿元。2006～2008年，伊利投资27亿元建立牧场。“在奶源建设上的优势是伊利最先复苏的根本原因。”张剑秋说。

目前，全球的奶牛养殖主要有五种模式，从低级到高级分别是“公司＋奶站＋农户”模式、“公司＋奶牛养殖小区＋农户”模式、“奶联社”模式、农民合作社和奶牛协会模式以及大牧场模式。

值得注意的是，2007年，伊利在推进自建牧场、合作牧场、大型的牧场园区建设的同时，着力推广了“奶联社”模式，但是直到“三聚氰胺事件”发生之后这一模式才被大家广泛关注。

内蒙古奶联科技有限公司是国内第一个推出“奶联社”模式的公司。技术团队由留学加拿大的奶牛营养博士乔富龙领衔，该公司目前为伊利的原奶生产基地。伊利2008年北京奥运会特供奶主要由这里提供。

“奶博士”乔富龙向《商务周刊》介绍，奶联社是由企业搭建技术、管理、现代化设施设备和资金平台，吸纳奶农，以入股分红、保本分红、固定回报、合作生产等多种形式入社，并获取回报的奶牛养殖合作化产业模式。和集约型大规模牧场模式相比，“奶联社”模式更符合中国奶农众多、分散养殖的现实条件，既能够保证原奶的质量安全，同时也能兼顾奶农、乳企等多方面的利益，也便于政府职能部门的监督管理。奶农以一种主人翁的姿态出现在这个模式下，从根本上杜绝了原奶掺假的投机行为。

“这是‘以奶为本’的规模化、集约化、标准化、一体化奶牛养殖模式，能实现社会、奶农、企业多方共赢。”乔富龙说。

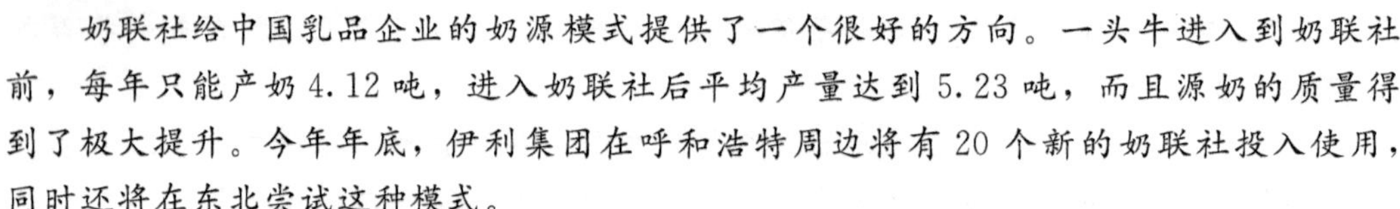

奶联社给中国乳品企业的奶源模式提供了一个很好的方向。一头牛进入到奶联社前，每年只能产奶4.12吨，进入奶联社后平均产量达到5.23吨，而且源奶的质量得到了极大提升。今年年底，伊利集团在呼和浩特周边将有20个新的奶联社投入使用，同时还将在东北尝试这种模式。

5月25日，伊利发布公告称，除赞助世博会外，根据股东大会审议通过的投资计划，今年将在各大项目建设投资12.3亿元，其中2.5亿元用于原奶项目建设。张剑秋透露，“今年8月公司就将有一个自建牧场竣工，规模在8000～10000头牛。”

在这样一副乳业复兴的太平盛世画景里，也有不少人看出了暗藏的危险。

“龙头企业的增长要远远高于行业的增长，伊利一季度的业绩增长并不能代表乳业的增长。我们必须认清这个事实，不要过早以为乳业已经恢复得差不多了。”陈渝说。

被称为“乳业大炮”的广州市奶业协会理事长王丁棉也向《商务周刊》表示，这个行业高速增长多年，背后一直掩藏着越来越大的泡沫。他提醒道：“一些企业被奶业表面增长的势头冲昏头脑，不断增大投入抢奶源、建基地，而实际上消费人群却没有壮大，这使奶业产业链出现前端供应链大于后端营销的迹象。”

资料来源：吴丽：《商务周刊》，2009-06-20。

【案例与思考一】

宝马公关思维，让公众成为“伯乐”

1200多年前，韩愈老师告诉我们“世有伯乐，然后有千里马”。如今，冲动消费者越来越少，理性的用户渴望真正系统地了解产品，成为“识马伯乐”。于是，自卖自夸式的营销模式逐渐转变。2011年年底，宝马中国开启“宝马公开课”系列线下讲堂活动就让我们看到了一次“知识营销”的成功。宝马公开课既是一个面对面的实体活动，又提供了通过微博和视频等新媒介进行交流的方式，它不是一场简单的宣讲或发布活动，而是一次有系统课程安排的整合知识传播，一个汽车爱好者们自由沟通的平台。事实证明，只有让消费者真正深入了解产品的全方面价值，人人争当“伯乐”，才能让大众认可、关注、忠实于品牌。

宝马“开课”并非突发奇想，早在6年前，宝马中国就通过“BMW Media Open Day——宝马媒体公开日”引起了众多媒体的关注。在6年的运营经验累积基础上，宝马中国决定将“小课”扩大，辐射到媒体、宝马用户，以及所有关注宝马和驾驶乐趣的大众，并邀请第三方的公正讲师，从多个方向“公开授课”。

“知识营销”成为一种新的趋势。在学校待过十几年的人都知道“上课容易听进去难”，开课的创意只是一个开始，扩大授课也将面临更多的挑战。

在“宝马公开课”项目执行过程中，宝马中国将所有的困难和挑战都化为努力的重点，并最终使之成为亮点。

因为学员观众的范围扩大，内部和相关合作伙伴的专家并不能满足课程内容多样性和趣味性的需要，来自于业内权威专家和资深媒体人士成了公开课讲师的首选。

宝马公开课的内容五花八门、丰富多彩，课程自拟，讲师只讲自己擅长的、精通的和熟悉的知识、经验和故事。喜欢“曝光”汽车设计幕后故事的原《座驾》杂志执行主编，现易车网主编王洪浩；媒体从业多年、搞气氛最擅长的“四万大叔”许群；以“技术见长”的《汽车知识》杂志总编辑陈新亚；还有专门教人“享受驾驶乐趣”的高级驾驶培训师董巍君等7位讲师，都是“有故事”的人。他们通过生动的故事和案例，将宝马的品牌文化与历史、产品设计与技术，以及实用性驾驶技巧、二手车文化等内容编成课程，介绍给参与的学员，并相互交流。

宝马公开课的覆盖面广，12场课程涵盖了中国8座城市，让北上广之外的公众也能以有别于内部推荐和邀请的方式，通过官方微博进行报名，参与此课程，不仅保证了学员身份的多样性，更重要的是体现了知识需求的多样性，辐射到了宝马用户、宝马爱好者，甚至其他品牌汽车的驾驶者，不仅让宝马品牌得以推广，还让驾驶知识广泛传播。

举办活动，细节最能体现“诚意”。在宝马公开课一周年之际，一场盛大的“结业典礼”成为“宝马公开课”项目最大的“爆点”。

参与的学员首先自由选课，学员根据所选课程分为4个区域落座，在主持人开场以及4位讲师交流之后，通过十字形的自动挂帘将4个区域隔开，4位讲师同时登台，分班授课。课后还有紧张的“期末考试”。当然，考试并非要难倒学员，只是为了回顾公开课开课以来的各种知识。紧张过后还有轻松时刻，“四万大叔”许群还在考试后献唱了一曲《花房姑娘》，使整场气氛更加活跃。

一次成功的“知识营销”不仅仅充分地传递企业、品牌、产品的信息，更重要的是得到来自用户和公众的积极的声音，而且这些声音“发自肺腑”。

如何实现“知识营销”的效果？把“强加”给用户的优质形象变为让用户自己去体验和发掘。宝马公开课就做到了宣传自己的同时，让参与者都成为“汽车达人”，从喜欢宝马到知道“为什么喜欢”，让用户自己发现宝马产品的优势所在。

小结一下宝马公开课的营销成功主要有以下几点：

从营销层面来看，公开课的“课程”并不是几位大师的“拍脑门”之举，所有的内容、流程都经过精心的挑选和探讨，我们不难看出很多课程还能和宝马的其他活动相呼应，让宝马中国的整体营销有一个相辅相成的效果，加上全方位的媒体渠道助力，宝马公开课成为一次整合营销的成功尝试。

TIPS：值得关注

1. 企业定期授课

并非独立举办一场一场的线下活动或者讲座，而是将宣传的内容和汽车驾驶知识结合，有章有序地系统“教学”。

2. 课程完全公开

公众可以自由在线报名参与，体现了“公开课”的开放性。

3. 有效借助媒体造势

有别于传统的报道宣传，让垂直网站、社交媒体、平面媒体能够以不同的形式参与其中，发挥其各自的优势，扩大活动影响。

4. 活动宣传品体现细节用心

宝马公开课“结业典礼”中发放给观众的宣传手册就是注重细节，备受好评的亮点代表。

“知识营销”虽然是一个全新的概念，但在今天也已不是什么新鲜的话题。邀请几位专家来办一两场活动，并在活动中进行一些相关知识的科普已经被诸多商家和用户

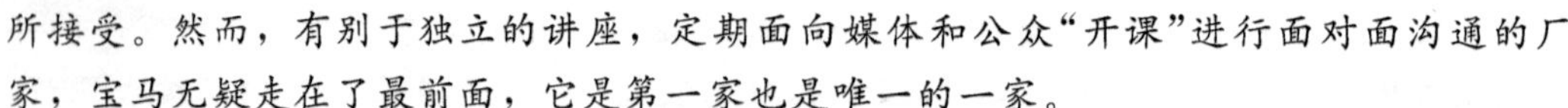

所接受。然而，有别于独立的讲座，定期面向媒体和公众“开课”进行面对面沟通的厂家，宝马无疑走在了最前面，它是第一家也是唯一的一家。

很多人都说“成功不可复制”，而宝马公开课并非有什么难以仿效的“独门秘籍”，可以有更多的企业通过“公开课”的方式，向公众进行知识的传播。走出学校的我们都曾发现，十几年的学习仍有很多生活中的知识需要了解，它也许是如何避免感冒，也许是如何发挥智能手机的最大功用，也许是怎么享受驾驶的乐趣……这些知识可以让企业来告诉公众，同时公众也会因为了解了这些知识，更懂得选择好的产品。

在一个“看疗效别看广告”的时代，用户似乎更难被取悦，传统的营销方式遇到瓶颈，致使企业需要找到新的途径来传播品牌和产品的价值。果壳网成立至今，在不断进行基础科普传播的同时，也尝试为企业和用户搭建交流的平台。我们希望让公众了解生活中各种产品的科技知识，并让企业所掌握的行业知识能够传播出去。在与各种企业的合作中，我们也同样面临着“瓶颈”。因此，果壳网也准备和不同企业合作推出“果壳公开课”，通过知识营销将企业和公众更好地联系起来。相信在不久的将来，会有更多的企业创办各种内容和形式的“公开课”，让用户和消费者成为伯乐，好马才能体现自身的价值。

资料来源：中国公关网，www.chinapr.com.cn。

思考题

1. 本案例中，宝马是如何抓住中国市场环境来做好营销的？
2. 宝马在中国进行“知识营销”的优势与劣势分别是什么？
3. 宝马在中国的“知识营销”成功点是什么？给我们什么启示？

【案例与思考二】

从《蠢蠢的死法》看社交媒体时代数字创意

与真实世界一样，在数字世界，也时常会发生让人匪夷所思的事情，呈现超越想象的别样精彩。通过社交媒体，人们喜怒哀乐的真实情感畅意蔓延，倒映在不同的虚拟社群，也会塑造出风景各异的数字景观。

如果让你构思一则交通方面的公益广告，你会想出怎样的主意？也许是直接告知大家不遵守交通规则就会丧命，也许是在各种违反交通规则的画面打上叉叉。看看墨尔本铁路局联手麦肯广告，如何通过广告来提醒人们提高铁路周边安全意识吧。他们创造了一段名为《蠢蠢的死法》(*Dumb Ways to Die*)的数字视频，在YouTube上点击量已超过1500万，在各种社交媒体也引起大家转发与讨论。这段视频长度只有三分钟，前两分钟是几个像巧克力豆的卡通小人轮番演示点燃头发、卖肾、吞强力胶等搞笑死法，然后伴随着女歌手Tangerine Kitty的嗓音，这些卡通人物聚在一起，合唱“Dumb Ways to Die”，视频最后，几个小人开始演示乱穿铁轨等死法，随后出现注意铁路安全的标语与墨尔本铁路局的标志。

谈及这则广告的创作思考，墨尔本铁路公司公关经理Leah Waymark说：“我们希望从青少年开始影响一代人，先改变他们的观念，继而影响他们的父母。”麦肯墨尔本的创意总监John Mescall坦言：“我觉得单纯地表达哪些事应该做，哪些事应该禁止，这种说教味很重的方式并不会很好地被大家接受。”于是整个广告团队决定用一种更有趣的方式制造话题和改变行为，这种内容最适合传播的渠道不是电视或平面媒体，而是社交媒体……这样的创作思维，造就了这条风靡全球的视频。

就像《蠢蠢的死法》一样，正是无数有趣的数字广告创意，为社交媒体引爆了热点话题，为数字世界创造了丰富内容，形成了虚拟环境下的传播与交互生态，塑造了跨越不同平台、反响热烈的社群景观。反过来，这也显示了社交媒体对于创意行业的影响，正是社交媒体所具备的特性，改变了创意思考的方法，改变了商业传播的规则，甚至正在改变我们生活的方方面面，如奥美公关总裁柯颖德(Scott Kronick)所说："社会媒体及其支持技术(Web 2.0)对世界每个角落的生活都产生了深远的影响。这种经过演变而形成的潮流、趋势、现象和挑战，我将之定名为裂变，这是一种全新的生活方式。"社交媒体是一种全新的媒体思维方式，具有不同先前媒体的特质。

传统数字媒体仍然是以告知为主，数字创意不会过多考虑观众的兴趣。但是，如果创意伊始就瞄准社交媒体去传播，创意则需要去迎合大众的兴趣点，顺应社交媒体的传播特质。社交媒体将传播权从精英、专业人士转移给大众，无论印刷媒体还是电视媒体，传播权都是在编辑或导播手中，他们决定传播的内容，但是社交媒体出现之后，产生了自媒体现象，每个人都是一个媒体，每个人都可以去编辑和发表讯息，社交媒体面前，人人平等。

资料来源：中国公关网，www.chinapr.com.cn。

思考题

1. 互联网时代给企业的营销活动带来的机遇与挑战有哪些？
2. 通过本案例，你是如何理解"数字创意"的？
3. 中国企业应该如何利用"数字创意"进行营销？

三、实训项目

1. 实训任务

(1)结合当前国家的政策以及相关行业的发展规划，分析小组所改进的产品是否与政策和规划相符合；

(2)对小组所改进的产品进行相关的分析。

2. 实训要求

(1)对产品进行宏观环境分析；

(2)对产品进行微观环境分析；

(3)对产品进行环境机会分析；

(4)对产品进行环境威胁分析；

3. 实训评价

工作任务	技术技能要求	分项评语
团队分工合作	要求积极参与，各尽所长、各负其责，既有分工，又要注重与人合作、交流沟通。	

续表

工作任务	技术技能要求	分项评语
信息处理	选择自己所需要的信息，并能判断信息内容的准确性及可靠性；对信息进行综合分析并生成新的信息。	
小组沟通	把握交谈主题，参与交谈或讨论；听懂别人谈话的内容并做出反应；表达自己的观点，表达简练、层次清晰、思路敏捷。	
制订计划	明确可能影响计划实现的因素，如机会、威胁等；预计可能发生的困难以及在行动过程中可能发生的变化，提出应对措施。	
解决问题	确定成功解决问题的方法，选择利用各种方式提出解决问题的办法(如利用文字和图表分析，建立数学模型等)。	

4．自我总结

5．教师评价

任务四 市场购买行为分析

一、相关理论知识

(一)消费者市场

1. 消费者市场的概念

消费者市场，又称消费品市场、最终产品市场或生活资料市场，主要是指那些为满足个人生活需要而购买产品或服务的个人与家庭所构成的市场。人们的生活消费是各类产品或服务流通的终点，因此，消费者市场是整个市场体系的基础，是现代营销理论的主要研究对象。

2. 消费者市场分类

(1)从商品的形态和耐用程度的角度来分类，可以分为：耐用消费品、易耗消费品、劳务。

(2)从消费者的消费行为角度来分类，可以分为：便利品、选购品、特殊品、非寻求品。

3. 消费者市场的特点

(1)顾客多、范围广

个人和家庭是消费者市场的基本购买单位，购买者众多。需求范围包括衣、食、住、行、用等各个方面，需求范围相当大。

(2)需求差异性大

消费者受年龄、性别、职业、文化、经济收入、民族、社会、心理等多种因素的影响，他们的消费需求、消费模式、消费习惯都存在着明显的差异。

(3)需求弹性大

当商品价格下跌时，商品的需求量会明显上升；而价格上扬时，需求量又会明显下降，还可以产生替代需求。

(4)购买量少、频率高

消费者为了满足个人或家庭的需要，除少数耐用品外，许多商品是经常购买或天天购买，这些商品又缺乏长时间储存手段，从而决定消费品市场进行的是零星交易，购买频率高。

(5)非理性购买较强

大多数消费者缺乏专门的商品知识，购买时易受广告、商店的购买气氛，他人的购买行为，营业员的劝告等影响，导致冲动性购买。

4. 影响消费者购买行为的主要因素

(1)影响消费者购买行为的心理因素

影响消费者购买行为的心理因素，除了由需要引起动机这一最重要因素外，还有

知觉、学习以及信念与态度三个因素。

①知觉。知觉是指消费者感官直接接触刺激物所获得的直观的、形象的反映，属于感性认识。任何消费者购买商品，都要根据自己的感官感觉到的印象来决定是否购买。

②学习。消费者在购买和使用商品的过程中，逐步获得和积累经验，并根据经验调整购买行为的过程，称为学习。

③信念与态度。信念是指人们对事物所持的认识。消费者对商品的信念可以建立在不同的基础上，有的建立在科学的基础上，有的建立在某种见解的基础上，有的建立在信任(如对名牌货)的基础上，有的则可能基于偏见、讹传。不同的信念可导致人们不同的态度、不同的倾向。

(2)影响消费者购买行为的外部因素

①个人因素。消费者购买决策受其个人特性的影响，特别是受其年龄所处的生命周期阶段、职业、经济状况、生活方式、受教育程度、个性以及自我观念的影响。消费者的能力、气质、个性等对购买活动都有很大影响。

②经济状况。经济状况主要指个人可任意支配的收入水平，它是决定消费者购买行为的根本因素。

③文化因素。文化一般是以国家或民族为单位。中国人有属于自己的文化体系，美国、德国以及其他国家也有属于自己的文化体系。文化因素制约着消费者的道德规范、价值观念、思维方式与风俗习惯等各个方面。

④社会因素。消费者受社会因素的影响范畴比较广，包括家庭、所处角色和地位以及相关群体如朋友、同事等。一般认为，相关群体的影响相对较小，家庭的影响是最大的。

5. 消费者购买行为分析

(1)购买行为的心理过程

①认识过程。认识过程是人们对客观事物的品质和属性及其联系的反应过程，是消费者购买行为的重要基础。认识过程是从感觉开始的。产品、品牌及企业的其他市场营销刺激，会由于人们的接触，直接作用于其外部感觉器官。

②情绪过程。人们对事物的认识过程，不会是冷漠无情、无动于衷的，必然带有鲜明的感情色彩。情绪一般没有具体的形象，而是通过消费者的神态、表情、语气和行为表现出来。

③意志过程。消费者心理的产生、变化到心理的效应，以及由购买动机转变为购买行为的过程，除了以生理机能为基础外，还需要以心理机能为保证。这种心理保证，能使消费者自觉地为实现其购买目的而采取一系列的行动，并使消费者在购买过程中努力排除各种外来的及内在的干扰，保证购买目的的实现。消费者的这种有目的地、自觉地支配、调节自己的行为，努力克服各种困难，从而实现既定购买目的的心理活动，就是意志过程。

(2)消费者购买行为的具体表现

①购买什么。企业营销人员通过市场调查了解消费者需要何种商品，尽量在花色、品种、质量、性能、价格、包装等方面满足他们的需要。

②何时购买。消费者的购买时间受商品本身的用途和消费者的闲暇时间制约，只有掌握了消费者的购买时间，将产品在适当时间推向市场，才能保证满足消费者的需求。

③何处购买。消费者在什么地方、什么商店购买商品，与商品的价值大小和用途有直接关系。价值不大又经常使用的物品，消费者一般都愿意就近购买；大件物品、贵重物品，消费者一般都愿意到大商场选购。

④如何购买。由于消费者的经济条件不同，他们购买商品的方式也不同。

⑤由谁购买。由谁购买商品，由谁担任家庭购买的决策者，决定了企业采取什么手段影响消费者。同样形式和内容的促销手段对不同性别、年龄、文化层次的人具有不同的说服力，因此，企业营销人员要有针对性地制定营销策略和促销办法。

(3)消费者购买行为的类型

①按照购买行为的心理特征分类。可以分为习惯型购买、理智型购买、冲动型购买、经济型购买、疑虑型购买、情感型购买、随意型购买。

②按照消费者购买目标的确定程度分类。可以分为完全确定型购买、半确定型购买、不确定型购买。

③按照消费者对商品的认识程度分类。可以分为深涉型购买、浅涉型购买、无知型购买。

④按照消费者在购买现场的情感分类。可以分为沉静型购买、活泼型购买、温顺型购买、逆反型购买、傲慢型购买。

6. 消费者购买决策过程

(1)引起需要。引起需要是消费者行为的起点。当消费者感觉到一种需要并准备购买某种商品以满足这种需要时，购买决策过程就开始了。

(2)收集信息。消费者的信息来源主要有以下几个途径：①相关群体；②自身经验；③市场信息；④公众媒体。这其中，市场信息和公众媒体传播信息最为重要，对消费者影响最大。

(3)评估比较。消费者广泛收集信息资料后，就会根据掌握的信息资料对所需商品的各个方面进行比较评价，从中选择一种满意的方案。

(4)购买决策。消费者经过比较评价后将要做出购买决定，这时他们还要综合考虑一些相关问题：①商品本身的特点；②消费者的经济条件；③消费者对购买对象的需求程度；④他人的态度；⑤服务态度等。综合考虑以后，才会做出是否购买的决定。

(5)购买后感受。购买后感受是消费者对已购商品通过自己使用或他人的评价，对满足自己预期需要的反馈，重新考虑购买了这种商品是否正确，是否符合理想等，从而形成感受。这种感受，一般表现为满意、基本满意、不满意三种情况。

(二)组织市场

1. 组织市场的概念

相对于消费者市场来说，组织市场是由各种企事业单位等组织作为购买者，形成对企业产品与服务需求的市场。这些组织购买的主要目的是用于生产性消费，或转卖、出租，或用于其他非生活性消费。组织市场的购买者主要包括生产企业、商业企业、

政府机构及其他非营利性组织。

从广义的理解来说，组织市场泛指一个组织向其他组织推销商品或服务的任何市场，包括除组织同最终消费者进行交易的市场(即消费者市场)之外的所有市场。而组织市场的购买决策参与者、影响购买行为的因素以及决策过程等方面与消费者市场既有相似之处，又有很大不同。

2. 组织市场的类型

(1)生产者市场

生产者市场又称为产业市场、工业品市场或生产资料市场，一般是指工业企业为了获取利润进行再生产而购买产品的市场，是在组织市场这个大集合体中，购买目的为“生产”的购买者子集合体。这个购买者子集合体的成员分布在各个行业中，包括农业、林业、渔业、牧业、采矿业、制造业、建筑业、运输业、通信业、银行业、保险业以及其他一些行业。

(2)中间商市场

中间商市场也称为转卖者市场，指由那些通过购进商品与服务后再通过转售或租赁给他人以获取利润的组织或个人组成的市场。中间商包括批发商和零售商。

(3)政府市场

政府市场是指那些为执行政府职能而采购或租用产品的各级政府机构组成的市场。各国政府通过税收、财政预算掌握一定的国民收入，其中一部分用于支付日常政务所需的物资、服务采购支出，这就形成了一个很大的组织市场。

(4)非营利组织市场

非营利组织(Non-profit Organization，NPO)，也称为非营利部门，泛指所有不以营利为目的、不从事营利性活动的机构、组织或团体。中国现有的非营利组织包括政府机构以外的教育、医疗等各类事业单位，其他教育、医疗机构，注册的民办科技机构，商会、协会等社会团体等。

非营利组织市场指为了维持组织正常运作、履行组织职能而购买产品与服务的各类非营利组织所构成的市场。

3. 组织市场的需求特征

(1)在市场结构方面，组织市场具有市场容量大、购买者少、购买规模大以及购买者在地理区域上相对集中的特征。

(2)在市场需求方面，组织市场属于派生需求，需求缺乏弹性，市场波动较大。

(3)组织市场的购买决策者、执行者、影响者成分复杂，呈现出专业化、职业化发展的特点。

(4)组织市场购买者的购买决策具有规范化、程序化的特点。

(5)买卖双方需要保持长期、密切的合作关系。

(6)组织市场的购买行为也具有一些不同于消费者市场的特点。

(三)生产者市场购买行为

1. 生产者市场的特点

(1)生产者市场上购买者数目较少，购买规模较大；

(2)生产者用户地理位置相对集中；

(3)生产者市场的需求是“衍生需求”；

(4)生产者市场的需求是缺乏弹性的需求；

(5)生产者市场需求波动大；

(6)专业人员采购；

(7)决策过程复杂；

(8)买卖双方关系密切。

2. 生产者购买行为的主要类型

(1)直接重购。直接重购是指生产者用户的采购部门按照过去和许多供应商进行交易的经验，从供应商名单中选择供货企业，并直接重新订购过去采购过的同类产品。

(2)修正重购。修正重购是指生产者用户改变原先所购产品的规格、价格或其他交易条件后再行购买。

(3)新购。新购是指生产者用户第一次购买某种产品或服务。新购的成本费用越高，风险越大，需要参与购买决策过程的人数和需要掌握的市场信息就越多，完成决策所需的时间也就越长。

3. 影响生产者购买决策的主要因素

(1)环境因素，即一个企业外部周围环境的因素，包括政治、法律、文化、技术、经济和自然环境等因素。在影响生产者购买行为的诸多因素中，经济环境是主要的。当市场基本需求水平、国家经济前景、资金成本等发生变化时，都将影响到生产者的购买行为。

(2)组织因素：每个企业的采购部门都会有自己的目标、政策、业务程序和组织结构。这些组织因素也会影响生产者的购买决策和购买行为。

(3)人际因素，主要是指企业内部人际关系。生产者市场购买决策过程比较复杂，购买决策通常是由包括使用者、影响者、采购者、决定者和信息控制者组成的“采购中心”做出的。这些参与者在企业中的地位、职权、影响力以及他们之间的关系有所不同，因而在购买决策上呈现出纷繁复杂的人际关系。

(4)个人因素，即每个参与购买决策的人，在做出决定和采取行动时受到其年龄、收入、教育程度、职位、性格及风险意识等因素的影响。

4. 生产者购买决策过程

(1)认识需要。当公司中有人认识到某个问题或需要可以通过获得特定的产品或服务得到满足时，购买过程就开始了。

(2)确定需要。确定需要是指确定所需产品的特性和数量。对于标准项目或简单的采购，可以由采购人员直接决定；而对于复杂的采购，如非标准化产品的采购则需由采购人员、使用者、技术人员乃至高层经营管理人员共同协商决定。

(3)说明需要。说明需要是指由专业技术人员对所需产品的品种、规格、性能、型号、数量和服务等技术指标进行价值分析，做出详细的技术说明，作为采购人员取舍的标准。

(4)物色供应商。物色供应商是指采购人员根据产品技术说明的要求寻找供应商。在新购情况下，采购复杂的、价值高的品种，需要花费更多时间物色供应商。

(5)征求供应建议书。征求供应建议书是指邀请合格的供应商提交供应建议书或提出报价单。对于复杂和花费较大的项目而言，还要求每一潜在供应商提出详细的书面建议，对经过筛选后留下的供应商，要求他们提出正式的建议书。

(6)选择供应商。在这个阶段，采购中心的成员将对建议进行审查并选出一个或几个供应商。在选择供应商时，采购中心通常列出一份有关供应商的属性及其相对重要性的清单。

(7)签订合约。签订合约是指生产者用户根据所购产品的技术说明书、需要量、交货时间、退货条件、担保金额、付款方式、保修条件等内容与供应商签订最后的订单。

(8)绩效评价。绩效评价是指生产者用户及时地向使用者了解其对产品的评价，考察各个供应商的履约情况，以决定维持、修正或终止供货关系。

(四)中间商市场及其购买行为

1. 中间商的购买类型

(1)新品种的购买

中间商可以对某种新产品根据其销路好坏，决定是否购买，然后对产品的进价、售价、市场需求和市场风险进行分析，最终确定具体向谁购买的问题。

(2)选择最佳供应商

最佳供应商是指中间商已经确定需要购买的产品，再寻找最合适的供应商。

(3)寻求较好的供应条件

中间商希望现有的供应商在原交易条件上再做些让步，使自己得到更多的利益。

2. 中间商购买过程的参与者

(1)商品经理。商品经理也称商店经理、专职采购员，专职负责连锁超市的采购工作。

(2)采购委员会。采购委员会通常由公司总部的各部门经理和商品经理组成，主要负责审查商品经理提出的新产品采购建议，做出是否购买的决策。

(3)分店经理。分店经理是连锁超市下属各分店的负责人，通常掌握着分店一级的采购权。

(五)政府市场及其购买行为

1. 政府市场主要特点

(1)为了实现政府的多项职能而购买。

(2)购买决策标准很复杂。

(3)购买决策受多方面的制约。

2. 政府购买行为

(1)政府购买者的决策过程。

(2)各个国家、各级政府都设有采购组织，他们各自都制定有标准化的采购程序。

(3)影响政府购买行为的主要因素有环境因素、组织因素、人际因素和个人因素。

3. 政府市场的购买方式

(1)公开招标

公开招标应当按照采购主管部门规定的方式向社会发布招标公告，说明拟采购商品的名称、规格、数量和有关要求，邀请供应商在规定的期限内投标。

(2)邀请招标

邀请招标也称议价合约采购，是指政府的采购部门同时和若干供应商就某一采购项目的价格和有关交易条件展开谈判，最后与符合要求的供应商签订合同，达成交易。

二、案例分析

【案例分析】

消费者为什么言行不一

我们不妨再回顾一下发生在美国可口可乐公司的一个经典案例。20 世纪 80 年代，可口可乐公司决定开发新型可乐，于是对顾客口味做了随机测试，发现顾客喜欢百事可乐的甜味，而不是可口可乐的干爽味。其实，这个结论最早是由百事可乐做的，可口可乐后来的测试证实了这个结论。此后，可口可乐找到一种含甜味的新配方，从 1982 年到 1985 年，历时 3 年，对近 20 万消费者进行的测试表明，55%的消费者倾向于新可乐的口味，53%的消费者倾向于新可乐的商品名称。1985 年 4 月，新可口可乐正式面市，公司决定停止生产老可口可乐。

消息传开，大量的抗议电话及雪片般的抗议信纷纷涌向可口可乐公司总部，消费者甚至成立了“美国老可口可乐饮用者”组织，他们举行抗议新可乐的集会，宣称：如果可口可乐公司不按老配方生产，将正式提出控告。在 3 个月的抗议风潮中，可口可乐公司又重新做了一次公众调查，6 月还有 49%的人喜欢新可乐，到了 7 月初，就只有 30%的人喜欢了。于是，7 月 11 日，公司决定重新生产老可乐。

可口可乐风波的根源是什么？可口可乐在做消费者调查时，消费者是理性的，市场调研的环境和气氛容易被调查者“本能”地回归理性。但是，消费者消费时，则是理性中掺杂着感性，老可口可乐忠诚消费者的抗议就是感性的行为。也许在抗议中不乏这样的消费者；他们在新产品测试时，投了支持新可乐；但在可口可乐公司调整了配方时，他们是积极的抗议者，因为老可口可乐已经成为他们生活中的一部分。可口可乐风波中，消费者的言行不一，源于“言”(调研)与“行”(购买)环境的差异，以及差异带来的购买决策标准(理性与感性)的变化。

通常情况下，消费者调研隐含着一个重要前提：消费者能够清晰地表达自己的需求。其实，这个前提并不存在。消费者也许能够清晰地表达显在的需求，却基本无法表达潜在的需求。比如，消费者说想买“便宜商品”，其实潜台词是想买“占便宜的商品”。而这个潜台词消费者一般是表述不出来的。

比如消费者说要购买 10 万元以下的经济型轿车，这仅仅是已经表述出来的需求，还有很多没有表述出来的前提，比如，必须是“三箱车”“时尚车”“蓝色车”……只有当这些条件同时满足时，消费者才会产生购买行为。我发现很多消费者在购买轿车时，通常比他们计划的支出多花 10%～30%。反正十几万都花了，还怕多花两三万吗？只要朋友或导购员不断地推波助澜，消费者很容易改变主意。而这种行为是无法通过对消费者的调研发现的，只有销售现场的氛围能够改变消费者。也就是说，贯穿在消费者行为中的逻辑与消费者的思维逻辑有时存在巨大的不一致。

资料来源：刘春雄：《消费者为什么言行不一》，中国营销传播网，2009-03-30，有删减。

【案例与思考一】

中国绣花鞋畅销美国

近些年来，在美国西部的一些城市中，流行一种以中国绣花鞋作为生日礼物向女性长辈祝寿的活动，而且经久不衰。第一次用它做生日礼物的是一位名叫约翰·考必克的美国青年医师。当时，他在中国旅行，出于好奇心理将绣花鞋带回美国，分别在母亲60岁寿辰、姑母70岁寿辰、外婆80岁寿辰的时候，各献上一双精美、漂亮的中国绣花鞋作为祝寿的礼物。这三位长辈穿上“生日鞋”时，都感到非常舒服和惬意，她们称赞约翰·考必克为她们送来的是“长寿鞋”“防老鞋”“防跌鞋”。

此事不胫而走，从而使美国西部各地的人们纷纷仿效，争相购买。于是中国绣花鞋便神话般地成为当地市场上的抢手货，绣花鞋上的花色图案更是千姿百态、各显异彩。

现在，绣花鞋似乎可以献给每一位女性。一些小的孩子也常常在长辈的教诲下，将绣花鞋献给年轻的长辈。有一位6岁的美国小女孩，在她17岁的未婚姑姑生日时，送给姑姑一双绣花鞋，上面绣有17朵色彩不同的花。绣花鞋的特殊意义，由此可见一斑。

资料来源：徐萍：《消费心理学》，上海财经大学出版社。

思考题

1. 中国绣花鞋畅销美国，反映了顾客的何种需求？
2. 请你为该产品在美国进一步打开市场销路进行营销策划？

【案例与思考二】

谁在左右消费者的购买倾向

面对当今市场的激烈竞争，对目标消费者的分析显得越来越重要。在我国的市场经济中，商品的同质化和营销观念的一致性迫使我们不得不以一种新的思路和新的理念来迎合市场的挑战，在竞争中立于不败之地。

那么，在整个市场激烈的竞争背景下，是什么因素在左右着消费者对同类产品中某种品牌产品的认可呢？

拿色拉油行业为例。我们知道目前市场上的色拉油品牌很多，有福临门、金龙鱼、金香鱼、喜鱼宝等，它们的竞争可以用“白热化”来形容。它们的竞争策略也是老三样——低成本策略、产品差异化策略、目标市场集中化策略。在各个超市和大卖场中随处可见摆在货柜上的一排排的金黄色桶装色拉油，厂家不惜一切手段，打广告战、价格战、包装战等来刺激消费者的选购，但效果并非像想象的那样明显，原因也许是他们忽略了什么。

我们知道凡购买此类产品的大多是家庭主妇，她们的身份就值得商家特别注意，尤其是在目前色拉油各类品牌的产品差异化不大、质量均一的情况下，许多微小的感性化的东西就很容易在她们选购过程中起主导作用。

第一，同事或亲朋好友针对某品牌偶然的一句好口碑就能使顾客在面对众多品牌无从选择时派上用场。

第二，能够引起广大女性喜好的包装桶形状也能吸引其选购，发挥出四两拨千斤之效。这一点得益于可口可乐公司的启示，他们可以按时尚流线型来设计可乐瓶，从而刺激更多顾客的购买欲，色拉油商家可以设计出独特的色拉油包装(注：要注册)来吸引广大女性消费者。

第三，一个好的产品名称，当然这里指的是能够抓住妇女心理，营造出她们的幸福感的名称，也能带来意想不到的效果。这一点“福临门”是比较成功的，并且广告定位也很恰当。我们可以想象，广大妇女的最大追求莫过于一个美满、幸福的家庭，一个喜庆融融的家的氛围。如果在面对众多品牌无从下手时，一副朱红色“福”字包装和“福临门”所能带给这些妇女顾客的遐想就一定能紧紧地吸引住她们。

总之，中国目前的市场经济已经发展到一定阶段，商品之间的竞争也不再是质量、价格那么简单，左右消费者购买倾向也变得越来越微妙。因此，谁能深刻认识消费者市场的特点，更快捷、准确地把握消费者的心理与行为规律性，谁才能科学确定产品的销售对象，有的放矢地制定市场营销组合策略，在充分满足消费者需要的前提下实现企业的发展目标，成为众多同质产品中的大赢家。

资料来源：董英龙：《全球品牌网》，2006-05-17，有修改。

思考题

1. 色拉油主要有什么类型的消费者？这些消费者的消费决策主要有哪些影响因素？
2. 如果你是一家色拉油的品牌经理，在策划产品的品牌形象时应该注重哪些方面？

三、实训项目

1. 实训任务

(1)访问校区内不同年级的同学，对其消费行为进行分析，并找到不同点。

(2)对校区周边的超市、商场进行考察，分析消费者的特点。

2. 实训要求

结合小组设计的产品，分析消费者消费行为的特点。

3. 实训评价

工作任务	技术技能要求	分项评语
团队分工合作	要求积极参与，各尽所长、各负其责，既有分工，又要注重与人合作、交流沟通。	
商讨方案	要求组织成员集思广益、充分交流沟通，凝聚共识，个人服从小组决定。	
交流沟通	提出自己的观点并听取他人的意见，以进一步促进工作能力，包括工作质量、学习方法，以及职业发展。	
创新能力	客观分析事物发展与需求之间的矛盾关系，提出独特的改进事物的创新点和意见，充分利用创新需要的信息和资源。	

续表

工作任务	技术技能要求	分项评语
解决问题	比较各种可能的解决问题的办法的特点和可行性，包括风险因素。选择解决问题的最优方案，并判断和阐明选择的合理性。	

4. 自我总结

5. 教师评价

任务五　市场选择与进入

一、相关理论知识

（一）市场细分的概念与原则

1. 市场细分含义

市场细分就是营销者在市场调研的基础上，以消费者为对象，根据消费者的不同需要、爱好、购买能力等，把整个市场划分为不同的消费者群，并把需求、愿望等大体相同的消费者作为一个细分市场，从中找出适合企业为之服务的目标市场的过程。

2. 市场细分的原则

(1)可衡量性

可衡量性是指细分的市场是可以识别和衡量的，亦即细分出来的市场不仅范围明确，而且对其容量大小也能大致做出判断。

(2)可进入性

可进入性是指细分出来的市场应是企业营销活动能够抵达的，亦即是企业通过努力能够使产品进入并对顾客施加影响的市场。一方面，有关产品的信息能够通过一定媒体顺利传递给该市场的大多数消费者；另一方面，企业在一定时期内有可能将产品通过一定的分销渠道运送到该市场。

(3)有效性

有效性是指细分出来的市场，其容量或规模要大到足以使企业获利。进行市场细分时，企业必须考虑细分市场中顾客的数量以及他们的购买能力和购买产品的频率。

(4)对营销策略反应的差异性

对营销策略反应的差异性是指各细分市场的消费者对同一市场营销组合方案会有差异性反应，或者说对营销组合方案的变动，不同细分市场会有不同的反应。如果不同细分市场顾客对产品需求差异不大，行为上的同质性远大于其异质性，此时，企业就不必费力对市场进行细分。

（二）市场细分的依据

1. 按地理变量细分市场

按地理变量细分市场是指按照消费者所处的地理位置、自然环境来细分市场。比如，根据国家、地区、城市规模、气候、人口密度、地形地貌等方面的差异将整体市场分为不同的小市场。地理变量之所以作为市场细分的依据，是因为处在不同地理环境下的消费者对于同一类产品往往有不同的需求与偏好，他们对企业采取的营销策略与措施会有不同的反应。

2. 按人口变量细分市场

按人口变量细分市场是指按人口统计变量，如年龄、性别、家庭规模、家庭生命

周期、收入、职业、教育程度、宗教、种族、国籍等为基础细分市场。消费者需求、偏好与人口统计变量有着很密切的关系。

3. 按心理变量细分市场

根据购买者所处的社会阶层、生活方式、个性特点等心理因素细分市场就叫心理细分。

4. 按行为变量细分市场

根据购买者对产品的了解程度、态度、使用情况及反应等将他们划分成不同的群体，叫行为细分。许多人认为，行为变量能更直接地反映消费者的需求差异，因而成为市场细分的最佳起点。

(三)市场细分的方法与步骤

1. 市场细分的方法

(1)单一因素方法

单一因素方法是指只考虑一个因素，将市场细分为若干个。

(2)主导因素排列法

当一个细分市场中存在多个影响因素，可以从消费者的特征中确定主导因素，并与其他因素有机结合，确定细分目标市场。

(3)综合标准法

运用两个以上的因素，同时从多个角度对整个市场进行细分，如以收入水平、性别、年龄来细分服装市场、化妆品市场、手机市场等。

(4)系列因素法

运用两个以上的因素，依据一定的顺序来逐步细分市场。细分的过程是一个选择分市场的过程，下一阶段的细分，以上一阶段选定的分市场为基础。以化妆品的销售市场为例，需考虑性别、年龄、地域、收入、文化、婚姻状况、职业和气候等因素。

2. 市场细分的步骤

(1)识别细分市场

识别细分市场是指首先确定欲细分市场的基本性质，然后定出市场细分的重要因素，并尽可能对这些因素做定量分析。

(2)收集研究信息

指收集、整理细分市场时需考察分析的市场情报和资料，如通过收集类似产品已有的市场情况资料，可以作为对新产品市场细分的参照，或者通过对消费者的调查，来检验欲采用的细分因素是否合适。

(3)拟定综合评价标准

一般说来，细分市场后，应能使企业对谁是购买者、购买什么、在哪里购买、为什么购买、怎样购买等问题做出回答。

(4)确定营销因素

对细分后的每一个子市场做出评价后，如果各个子市场之间存在较大差别，则企业就考虑不同市场的特点，确定本企业的市场活动范围，以及适应新选定的市场范围特点的营销活动要点。

(5)估计市场潜力

根据市场研究的结果和选定的细分因素，估计出总市场和每个子市场预期需求水平。

(6)分析市场营销机会

在细分市场过程中，分析市场营销机会，主要是分析总的市场和每个子市场的竞争情况，以及确定对总的市场或每一个子市场的营销组合方案，并根据市场研究和需求潜力的估计，确定总的或每一个子市场的营销收入和费用情况，以估计潜在利润量，作为最后选定目标市场和制定营销策略的经济分析依据。

(7)提出市场营销策略

一个企业要根据市场细分结果来决定市场营销策略。

(四)目标市场的概念及选择模式

1. 目标市场的概念

所谓目标市场，是指企业要进入的那个市场部分，即企业拟投其所好，为之服务的那个顾客群(这个顾客群有颇为相似的需要)。

市场细分与选择目标市场既有联系，又有区别。市场细分是按照消费者需求和购买行为的差异划分消费者群的过程；而确定目标市场则是企业根据自身条件和特点选择一个或若干个细分市场作为营销对象的过程。企业选择目标市场，是在市场细分的基础上进行的。

2. 目标市场选择的模式

(1)市场集中化

这是一种最简单的目标市场模式，即企业只选取一个细分市场，只生产一类产品，供应某一单一的顾客群，进行集中营销，选择市场集中化模式一般基于以下考虑：企业具备在该细分市场从事专业化经营或取胜的优势条件；限于资金能力，只能经营一个细分市场；该细分市场中没有竞争对手；准备以此为出发点，取得成功后向更多的细分市场扩展。

(2)选择专门化

选择专门化是指选择若干个细分市场，其中每个细分市场在客观上都有吸引力，并且符合公司的目标和资源。但各细分市场之间很少有或者根本没有任何联系，每个细分市场都有可能赢利。

(3)产品专门化

产品专门化是指企业集中生产一类产品，并向各类顾客销售这类产品。产品专门化模式的优点是企业专注于某一种或一类产品的生产，有利于形成和发展生产和技术上的优势，在该专业化产品领域树立形象。其局限性是当该产品领域被一种全新的技术所代替时，该产品销售量有大幅度下降的危险。

(4)市场专门化

市场专门化是指企业生产满足某一类顾客群体的需要，专门生产这类消费者需要的各类产品。

(5)市场全面化

市场全面化是指企业生产的多种产品能够满足各类顾客群体的需要。因此，只有

实力雄厚的大型企业才能选用市场全面化模式。

3. 目标市场营销战略

(1)无差异性市场营销

无差异性市场营销是指企业把整体市场看作一个大的目标市场，不进行细分，用一种产品，一种市场营销组合对待整体市场。

(2)差异性市场营销

差异性市场营销是指把整体市场划分为若干个需求与愿望大致相同的细分市场，然后根据企业的资金状况选择不同数目的细分市场，并为每一个细分市场制定不同的市场营销组合策略。

(3)集中性市场营销

集中性市场营销是指企业有选择地选择一个或少数几个细分市场作为目标市场，集中企业资源，制定一套营销策略，达到该细分市场的高占有率，从而实现企业的目标。

(五)市场定位

1. 市场定位的含义

市场定位的实质是使本企业与其他企业严格区分开来，并使顾客明显感觉和认知到这种差别，从而在顾客心目中留下特殊的印象。

市场定位的目的是影响顾客心理，增强企业产品竞争力，扩大产品销售，增加企业的经济效益。

2. 市场定位的步骤

(1)分析目标顾客对产品的评价标准

要分析购买者对所要购买的产品的最大愿望和偏好，以及他们对产品优劣的评价标准是什么。一般来说，消费者主要关心的是产品功能、质量、价格、款式、服务等。不同产品的评价标准是不同的。

(2)了解竞争对手的定位状况

要了解竞争者产品市场定位、产品特色是什么、在顾客心目中的形象如何，衡量竞争者在市场中的竞争优势。

(3)识别企业在目标市场上的潜在竞争优势

企业要确认自己在目标市场的潜在竞争优势是什么，然后才能准确地发挥竞争优势。一般地说，竞争优势有两种形式：一是在同样条件下可以比竞争者价格更低，从而在价格上具有竞争优势；二是具有更多的特色，可以更好地满足顾客需求。

(4)选择适宜的竞争优势

企业不可能也没有必要在所有方面都优于竞争者，它只能选择若干最有力的项目加以培养并使之成为自己的竞争优势。

(5)传达选定的竞争优势

企业选定的竞争优势不会自动地在市场竞争中显示出来，必须通过大力宣传，把企业的定位观念准确地传播给潜在购买者。

3. 市场定位的方法

(1)初次定位

初次定位是指企业必须从零开始，运用所有的市场营销组合，使产品特色符合所选择的目标市场。

(2)对峙定位

对峙定位是指企业选择靠近于现有竞争者或与现有竞争者重合的市场位置，争夺同样的顾客，彼此在产品、价格、分销等各个方面差别不大。

(3)避强定位

避强定位是指企业避开目标市场上强有力的竞争对手，将其位置确定于市场“空白点”，开发并销售目标市场上还没有的某种特色产品，开拓新的市场领域。

(4)比附定位

比附定位就是比拟名牌，通过攀附名牌来给自己的产品定位，以借名牌之光使自己的品牌生辉。

(5)属性定位

属性定位是指根据特定的产品属性来定位。

(6)利益定位

利益定位是指根据产品所能满足的需求或所提供的利益、解决问题的程度来定位。

(六)市场定位战略

1. 产品差别化战略

产品差别化战略是指从产品质量、产品款式等方面实现差别。寻求产品特征是产品差别化战略经常使用的手段。

2. 服务差别化战略

服务差别化战略是指向目标市场提供与竞争者不同的差异服务。企业的竞争力越是体现在顾客服务水平上，市场差别化就越容易实现。如果企业把服务要素融入产品的支撑体系，那就可以在许多领域建立“进入障碍”。

3. 人员差别化战略

人员差别化战略是指通过聘用和培训比竞争者更为优秀的人员来获取差别优势。市场竞争归根结底是人才的竞争。

4. 形象差异化战略

形象差异化战略是指在产品的核心部分与竞争者类同的情况下塑造不同的产品形象以获取差别优势。企业或产品想要成功地塑造形象，需要具有创造性的思维和设计，需要持续不断地利用企业所能利用的所有传播工具。

二、案例分析

【案例分析】

方太：高端是怎样炼成的?

在品牌运营的战场上，“高端”，可谓一面经久不衰的旗帜，让我们来看看十五年来锁定高端路线的方太，在强手如林的吸油烟机市场，怎样完成品牌定位和再定位，牢牢占据“高端”阵地，期间都有哪些极具技术含量的品牌运作经验值得提炼和借鉴。

怎样让高端不只是口号?

“方太不打价格战的路线，我一开始就考虑清楚了。”方太总裁茅忠群对记者说，方太的品牌基调从1996年创建起就确定下来了。

当时，吸油烟机市场竞争激烈，已经有几百家企业进入，仅浙江本地就已经有了老板、帅康、玉立等知名品牌。但茅忠群发现：国内厨电企业都集中在中低端市场，而高端市场里的外资品牌，当时因为产品不适应中国国情(厨房用油量远比西方大)，仍然立足未稳。于是，在方太成立之初，茅忠群就下定决心要坚持走高端路线，既牢牢占住这个市场空当，又避免陷入价格战。

“我们确定了高端品牌战略，追求‘产品领先’，也就是外观更漂亮，性能更好。产品一摆，消费者就可以看出来这是可以配得上高品质生活的。”茅忠群说。

但是，高端品牌，这个营销概念顶多只是一种品牌基调，而非品牌定位。也就是说，必须开辟出相应的产品品类，并且在这个品类里站住脚跟，才算真正跻身于高端品牌。不然的话，高端，只是一个口号而已。

1996年1月，由方太攻关的中国第一台自主研发的深型吸油烟机问世，打破了传统厨具市场的竞争格局。同年12月，方太研制出中国第一台人工智能型吸油烟机，创造了吸油烟机单品销量40万的行业奇迹，至今无人超越。就这样，借着新型高端产品的推广，把方太品牌锁定在了高端位置。

欧式机战役重塑方太品牌

然而，高端的位置并不是那么好守的。经历了两三年高增长后，越来越多的家电企业挤进来，方太的产品也进入销售的瓶颈期。随着其他厂商的产品提升，产品逐渐同质化，方太在逐渐靠近价格战的泥潭。在那段时间里，几乎每次开会，方太的销售经理们都会说：“方太产品价格太高了，一定要把价格压低，销量才会大增!”但茅忠群说：“我考虑了，高端的路刚走通，如果再降价跟中低端产品去厮杀，那么之前的工作等于零。方太还是没走出低价厮杀的圈子。”他再次将目光投向了新产品。毕竟，高端是需要产品来诠释的。

在国外考察时，茅忠群在一些杂志上看到一些欧式机的款型很漂亮。于是，“欧式外观中国芯”的产品研究被方太提上议程。到2001年，坚持走高端路线的茅忠群，终于在中国吸油烟机市场推出“欧式机”。这是个比已经成为“红海”的深型机更高端的品类。当时方太在这个细分品类里的市场占有率甚至接近了百分之百。

在品类“分化”中不断再定位

方太推出欧式机的品牌运作，其实是一个品牌再定位的过程。对于方太而言，则是在重新定位中，重新确立自己的高端地位。否则，销售经理们降价的呼声不会停止。而怎样重新定位，则要观察产品的分化过程中能带来怎样的机遇。一如方太主动推进高端吸油烟机向欧式机“分化”，在这个分化过程中就可以汲取品牌营养。甚至，直到现在，欧式机也是高端吸油烟机中价格最高的品种。可见这次品牌重塑的重要性。

新的高端之战

如今欧式机的竞争也早已非常激烈，方太仍需要再次寻找向高端品牌重塑定位的机遇。这次，方太锁定了“高效静吸”技术，努力在吸油烟机的“高效吸烟”和“静音工作”中找到最佳结合点。方太的高效静吸技术突破获得了2009年度轻工业最高奖项——科技进步一等奖。同时，依托高效和静吸的技术基础，开始进行“绿色厨房”的品牌重塑。

茅忠群说：“依托高效静吸产品，要让厨房这一单纯的烹饪之地，成为促进家庭成员情感交流的地方，带给消费者更极致的厨房体验。这就是‘绿色厨房文化’”。

方太围绕高端不断展开的品牌再定位，对于时常卷入价格战的中国制造企业来说，绝对是值得关注的品牌实践。

参考资料：李靖：《方太：高端是怎样炼成的?》，《中外管理》2011 年第 11 期。

思考题

方太是怎样突破一波又一波的产品同质化浪潮，而稳站高端的脚跟的?

【案例与思考一】

抢占市场制高点的科龙集团

创业于 1984 年的广东科龙公司，当年是一个仅有 300 多人的乡镇企业，经过十多年的艰苦创业，从一个作坊式的乡镇小厂发展成为具有国际化、现代化规模的中国家电企业之一，1999 年销售冰箱 260 万台，空调 70 万台，冷柜 16 万台，销售收入为 81.73 亿元。冰箱和空调的市场占有率分别为 25%和 9%。

1. 高技术、高起点的产品定位

“要干就要干最好的”是科龙公司产品定位的主要目标。其创业初期正是我国冰箱生产大量扩张，而产品质量却逐年下滑的阶段。当时科龙公司经过认真的市场调研和分析后，决定将产品定型在技术领先、产品先进、适合中国家庭使用的双门双温 BCD-103冰箱。当容声冰箱第一代产品投放市场后，由于产品技术先进，质量稳定，价格适中，受到消费者的欢迎。随着冰箱市场的竞争逐步加剧，科龙公司在原有产品的基础上不断推出新产品，使科龙公司的产品始终走在市场的前列。如电子除臭技术的应用、绿色环保冰箱等，都是在国内首先推向市场的。1992 年针对空调耗电量大的情况，科龙公司决定生产一种让消费者买得起用得起的空调，为此科龙公司选择了技术领先、能效比达到 3 以上(能效比是指耗电量与实际制冷量的比率，能效比越高，表明越省电，我国标准为 2.32)的空调产品。经与日本夏普公司合作，设计出第一代空调产品，能效比为 3.3，远远高出国家标准。产品设计的高标准、高起点，奠定了科龙产品市场份额不断扩大的基础。

2. 加大技术投资，保证产品的领先地位

科龙公司不断进行技术改造，引进最先进的加工设备、精密的检测装置和先进工艺以保证其产品的质量。在创业初期，企业有了一定效益后，公司投资 8000 万元进行第二期工程建设，从美国、意大利、日本等国引进当时较先进的加工设备和精密的检测设备，保证了质量的稳定性。1991 年投资 2 亿元建成一座具有 20 世纪 80 年代末 90 年代初世界冰箱生产水平的冰箱城，达到年产 100 万台的生产能力，使产品在保证质量的前提下扩大生产规模。2000 年，投资近亿元在北京中关村建立“中美科龙智能控制联合研发中心”，以制冷产业为核心，以智能化控制研发为切入点，进入新的高新产业，并将其与传统产业相结合，提升现有产品档次，拉开与对手的技术实力距离，向信息产业化方向发展。

3. 利用资产重组，实现规模经营

1996 年，科龙公司收购成都发动机公司，投资 2.7 亿元成立成都科龙冰箱有限公司。在东北又兼并了辽宁营口冰箱厂，投资 2.4 亿元成立营口科龙冰箱厂。短时间内，科龙公司在西南和东北建立了生产能力达 100 万台冰箱的生产规模，从而在中国形成了三角形的生产基地。1997 年，科龙、华宝两大空调企业合并，极大地提高了空调生产的规模效益。1998 年，科龙集团与丹麦丹佛斯压缩机有限公司、华意压缩机有限公司三方投资 9980 万美元筹建年产 300 万台无氟压缩机项目，与日本三洋电器公司合资生产“三洋·科龙冷柜”，与美国惠而浦公司采用定牌生产的方式生产“科龙牌”洗衣机。与新伙伴的合作，为科龙实现资本跨国流动，在更广泛的领域和深度参与国际经济分工提供了现实的可能。

4. 应用信息技术，开展电子商务。

为了加快电子商务的步伐，科龙聘请了以原罗兰·贝格国际管理咨询公司中国总经理宋新宇博士为首的专业团队从事电子商务的开发和管理。科龙以 BtoB 商务为主，建构自己的和可以与行业共享的电子平台。2000 年 4 月开始内部试操作，6 月正式推出。预计两年之内全面完成 BtoB 的网络建立及运行，以充分利用科龙现有的庞大的销售网点以及超过 1000 万户的客户数据。其经营目标是在 3～5 年的时间内，使科龙电子商务业务达到传统业务用了 15 年才达到的总产值。

资料来源：陈和钦，张瑞珏：《市场营销理论与实务》，北京理工大学出版社，2012，有改编。

思考题

1. 通过本案例的学习，你认为对家电产品应如何进行市场定位和市场细分？
2. 科龙公司抢占市场制高点的战略步骤是什么？
3. 科龙公司市场推进策略的基石是什么？
4. 面对家电企业市场环境的变化，你认为科龙公司产品的定位是否适合？为什么？

【案例与思考二】

日本泡泡糖

日本泡泡糖市场年销售额约为 740 亿日元，其中大部分为“劳特”所垄断。可谓江山唯“劳特”独坐，其余企业再想挤进泡泡糖市场谈何容易。但江琦糖业公司对此却并不畏惧。公司成立了市场开发班子，专门研究霸主“劳特”的四点不足：第一，以成年人为对象的泡泡糖市场正在扩大，而“劳特”却仍把重点放在儿童泡泡糖市场上；第二，“劳特”的产品主要是果味型泡泡糖，而现在消费者的需求正在多样化；第三，“劳特”多年来一直生产单调的条板状泡泡糖，缺乏新型式样；第四，“劳特”产品价格是 110 日元，顾客购买时需要 10 日元的硬币，往往感到不便。通过分析，江琦糖业公司决定以成人泡泡糖市场为目标市场，并制定了相应的市场营销策略。不久便推出功能性泡泡糖四大产品：司机用泡泡糖，使用了高浓度薄荷和天然牛黄，以强烈的刺激消除司机的困倦；交际用泡泡糖，可清洁口腔，祛除口臭；体育用泡泡糖，内含多种维生素，有利于消除疲劳；轻松性泡泡糖，通过添加叶绿素，可以改变人的不良心情，并设计了产品的包装和造型，价格定为 50 日元和 100 日元两种，避免了找钱的麻烦。功能性泡泡糖问世后，像飓风一样席卷日本。江琦糖业公司不仅挤进由“劳特”独占的泡泡糖市场，而且占领了一定的市场份额，从零猛升至25%，当年销售额达175亿日元。

资料来源：唐平：《市场营销学》，北京，清华大学出版社，2011。

思考题

1. 江琦糖业公司是如何发现市场机会的？
2. 江琦糖业公司的目标市场选择在哪里？

三、实训项目

1. 实训任务

以小组为单位，走访学校周边的市场，给小组设计的产品进行市场细分、目标市场以及市场定位分析。

2. 实训要求

(1)结合小组设计的产品，进行市场细分；

(2)结合小组设计的产品，找到目标市场；

(3)结合小组设计的产品，进行市场定位分析。

3. 实训评价

工作任务	技术技能要求	分项评语
分工合作	要求积极参与，各尽所长、各负其责，既有分工，又要注重与人合作、交流沟通。	
信息收集	选择自己所需要的信息，并能判断信息内容的准确性及可靠性；对信息进行综合分析并生成新的信息。	
有效沟通	把握交谈主题，参与交谈或讨论；听懂别人谈话的内容并做出反应；表达自己的观点，表达简练、层次清晰、思路敏捷。	
自我学习	掌握市场细分的变量，运用这些变量对市场进行细分，并且找到目标市场，同时给产品进行准确地定位。	
解决问题	确定成功解决问题的程度，选择利用各种方式提出解决问题的办法(如利用文字和图表分析，建立数学模型等)。	

4. 自我总结

5. 教师评价

任务六　定价策略

一、相关理论知识

(一)价格形成的市场理论

1. 价格的概念

价格是价值的货币表现，商品价值决定商品价格。一般情况下，企业认为商品的价值主要由为生产、经营这一产品所付出的成本和应该获得的正常利润两大部分组成。当商品在市场上的价格能够补偿成本并获得正常利润时，企业才会满意。但就消费者而言，商品的价值等于他们从商品消费中获得的满足。

商品的价格是市场上调节供求关系的“一只看不见的手”。当一种商品供不应求时，价格就要上涨，从而促进供给的扩大，减少需求的增加；当供过于求时，价格又会下降，从而增加需求，减少供给。

2. 价格的形成

(1)需求对价格形成的影响

需求是指在一定时期，一定价格条件下，消费者对商品的有货币支付能力的需要。在商品效用不变的情况下，消费者支付的价格越低，其交换的利益也就越大。所以，同一种商品，在其他因素不变的情况下，价格越低，需求量就越大。

(2)供给对价格形成的影响

对于企业来说，商品的市场价格越高，意味着他们所获的报酬越丰厚。因此，愿意向市场提供的商品数量就越多。

(3)市场价格的确定

①短期价格。供给与需求这两种因素与价格之间的因果关系正好相反，那么价格由谁来确定呢？在市场上，短期内的价格是由已有的供给量与待实现的需求量共同决定的。

②长期价格。长期价格又称均衡价格，它是这样一种价格，即根据这种价格，市场各类生产者和经营者愿意继续供给的数量正好等于市场各类消费者愿意继续购买的数量。因此，如果没有其他因素的影响，这个价格是唯一能持久的价格。

3. 价格弹性理论

(1)需求价格弹性

需求价格弹性是指在一定时期内，一种商品的需求量的相对变动对于该商品的价格的相对变动的反应程度。

(2)供给价格弹性

供给价格弹性是指在一定时期内，一种商品的供给量的相对变动对于该商品的价格的相对变动的反应程度。

(二)影响定价的因素

1. 成本因素

任何企业都不能随心所欲地制定价格。从长远看，任何产品的销售价格都不得不高于成本费用。只有这样，才能以销售收入来抵偿生产成本和经营费用，否则就无法经营。因此，企业制定价格时必须估算成本，估算时要考虑以下方面。

(1)成本与成本函数；

(2)短期成本函数；

(3)短期平均成本；

(4)短期边际成本；

(5)长期平均成本。

2. 竞争因素

企业能把产品价格定多高，取决于竞争者同种产品的价格水平。企业必须采取适当方式，了解竞争者所提供的产品质量和价格。企业获得这方面的信息后，就可以与竞争产品比质比价，更准确地制定本企业产品价格。

(1)完全竞争

完全竞争的市场必须具备以下条件：①市场上有许多卖主和买主，他们买卖的商品只占商品总量的一小部分；②他们买卖的商品都是相同的；③新卖主可以自由地进入市场；④卖主和买主对市场信息尤其是市场价格变动的信息完全了解；⑤生产要素在各行业之间有完全的流动性；⑥所有卖主出售商品的条件(如运送物品条件、包装、服务等)都相同。

如果只具备前三个条件，这种市场形势称为纯粹竞争；只有完全具备上述六个条件，才能称为完全竞争。

在完全竞争的条件下，企业只能按照市场价格出售其产品。对于任何个别企业来说，其产品的价格弹性必然无穷大，只要其产品售价超过市价，其需求便会降至零，其需求曲线是平的。

(2)垄断竞争

垄断竞争是一种介于完全竞争和寡头竞争之间的市场形势，既有垄断倾向，同时又有竞争，是一种不完全竞争。

在垄断竞争的市场上有许多卖主和买主，但各个卖主所提供的产品有差异，有些是花色、式样和产品服务的差异；有些是不同品牌产品，虽然实质上没有什么差异，但购买者因受广告、宣传、商品包装的影响，在主观或心理上认为它们有差异，因而有所偏好，愿意花不同数额的钱购买。

(3)寡头竞争

在一个行业中只有少数几家大公司(大卖主)，它们所生产和销售的某种产品的总产量和市场销售总量占很大比重，它们之间的竞争就是寡头竞争。显然，在这种情况下，它们有能力影响和控制市场价格。在寡头竞争的条件下，各个寡头企业是相互依存、相互影响的。寡头竞争的形式有以下两种。

①完全寡头竞争。各个寡头企业的产品是同质的(如钢铁、石油、轮胎等)。用户

对这些企业的产品并无偏好，不一定买哪一家企业或哪一种品牌的产品。

②不完全寡头竞争。各个寡头企业的产品(如汽车、电脑等)都有某些差异。因此，从顾客方面说，他认为这些企业的产品是有区别的，对这些产品有所偏好，这些产品是不能互相代替的，所以这种寡头企业都不得不千方百计地使自己变成有区别的寡头，使顾客深信任何其他寡头企业的产品都不如它的产品好，不能代替它的产品。

(4)纯粹垄断

纯粹垄断(或完全垄断)指在一个行业中某种产品的生产和销售完全由一个卖主独家经营和控制。纯粹垄断有两种：一种是政府垄断，即政府独家经营的业务；另一种是私人垄断，即私人企业控制的业务，其中又包括私人管制垄断(如美国AT&T)和私人非管制垄断(如美国杜邦公司)。

3. 需求因素

市场营销理论认为，产品的最高价格取决于产品的市场需求，最低价格取决于产品的成本核算费用。在最高价格和最低价格的幅度内，企业能把产品价格定多高，则取决于竞争者同种产品的价格水平。可见，市场需求、成本费用、竞争产品价格对企业定价有着重要影响。而需求又受价格和收入变动的影响。

(1)需求的收入弹性

需求收入弹性大，意味着消费者倾向收入的增加导致该产品的需求量有更大幅度的增加，一般说来，高档食品、耐用消费品、娱乐支出的情况即是如此。有些产品的需求收入弹性较小，一般说来，生活必需品的情况即是如此。

(2)需求的价格弹性

价格会影响市场需求。在正常情况下，市场需求会按照与价格相反的方向变动：价格提高，市场需求就会减少；价格降低，市场需求就会增加。

(3)需求的交叉弹性

在为产品大类定价时还必须考虑各产品项目之间相互影响的程度。产品大类中的某一个产品项目很可能是其他产品的替代品或互补品，同时，一项产品的价格变动往往会影响其他产品项目销售量的变动，两者之间存在着需求的交叉价格弹性。

4. 心理因素

消费者的心理行为因其随机性较大，是营销者制定价格时最不易考察的一个因素，但又是企业定价必须考虑的重要因素之一。消费者一般根据某种商品能为自己提供的效用大小来判定该商品的价格，他们对商品一般都有客观的估价，即在消费者心目中，该商品值多少钱，这种估价被称为期望价格。期望值一般不是一个固定的具体金额，而是一个价格范围。

(三)定价目标

1. 投资收益率目标

企业定价要以达到其预期的投资收益为目标。企业在投入一定的资金后，希望得到一定比例的利润。因此，企业在估算费用和期望利润的基础上，计算出毛利(或纯利)标准，加在产品的成本上作为销售价格，企业通过定价，使其投资在一定时期里能够获得一定的投资报酬。

2. 市场占有率目标

市场占有率目标是指把保持和提高企业的市场占有率(或市场份额)作为一定时期的定价目标。市场占有率的高低，比投资收益率更能说明企业的营销状况。因此，无论大、中、小企业，都希望用较长时间的低价策略来扩充目标市场，尽量提高企业的市场占有率。

3. 稳定价格目标

稳定价格目标是指以保持价格相对稳定，避免正面价格竞争(即企业间的以竞相削价为压倒对方的手段)为目标的定价。当企业准备在一个行业中长期经营时，或某行业经常发生市场供求变化与价格波动，需要有一个稳定的价格来稳定市场时，往往该行业中的大企业或占主导地位的企业率先制定一个长期的稳定价格，其他企业的价格与之保持一定的比例。

4. 防止竞争目标

企业有意识地通过给商品定价去应付和避免市场竞争。企业价格的制定，主要以对市场价格有影响的竞争者的价格为基础，根据具体商品的情况稍高或低于竞争者。竞争者在成本和需求变动下价格不变，实行此目标的企业也维持原价，竞争者的价格或涨或落，此类企业也相应地参照调整价格。

5. 近期利润最大化目标

它是指以追求企业近期总利润最大化为定价目标。采取此策略必备的条件是产品有显著的优点，使消费者一见倾心，有条件采取较高的价格。

6. 渠道关系目标

渠道关系目标是指以保持企业与渠道成员之间的良好关系为主要目标。对于那些需要各种中间商推销商品的企业，研究定价对中间商的影响，充分考虑维护中间商的利益，以保证对中间商有吸引力的利润，对调动中间商的推销积极性极其重要。

7. 度过困难目标

度过困难目标是企业在面临严峻的局面时，以维持企业的生存为一定时期的定价目标。一般以生存为目标的企业，产品价格定得低，以促进销售，减少商品的积压或资金占用，以使企业能够继续生存和发展。

8. 塑造形象目标(也称社会形象目标)

塑造形象目标是指新企业为塑造一定的市场形象或老企业欲改善自身的市场形象确定的定价目标。企业的价格或为维护企业的重信誉、高质量形象而定高，或为树立企业产品物美价廉的形象而定低。

(四)定价的程序与方法

1. 定价程序

(1)选择定价目标

企业在定价之前，必须根据不同情况、不同产品的特点确定本企业的定价目标，以此来决定将要采用的定价方法和技巧。

(2)测定需求

通过调研了解市场容量，例如，该产品有多少潜在的顾客，该产品的需求价格弹

性如何等，掌握不同价格水平上的需求量。

(3)估计成本

对本产品进行准确的成本估计，这是成功定价的基础。

(4)分析竞争者

要对竞争者的价格与货色进行分析，根据自己产品的特色制定出具有竞争力的价格。企业在竞争中要做到知己知彼。

(5)选择定价方法

企业要根据产品的性质、需求情况及竞争状况等因素，选择合适的定价方法。

(6)确定最终价格

企业在确定了产品的初始价格后，还需进一步考虑有关因素。如是否符合国家的有关法律政策，是否适应消费者心理，是否维护了企业形象，竞争者的反应将会如何等。

2. 定价方法

(1)成本导向定价法

成本导向定价法是以产品的总成本为中心定价的一种方法。其特点是量入为出，最为简便，也是企业最为常用的一种方法，包括成本加成定价法、损益平衡、目标利润定价法。

①成本加成定价法。即按产品单位成本加上一定比例的毛利定出销售价，毛利就是一定比率的毛利润。这种定价方法的优点是简单易行，只要把产品销售出去，就能得到预期利润。缺点是只考虑产品成本，忽略了市场的供求情况、竞争因素、季节和不同产品生命周期阶段的影响。

②损益平衡定价法。也称为盈亏平衡定价法或保本点定价法，该方法要求产品销售的总收入和销售总支出平衡，即根据盈亏平衡点总成本来确定产品价格。这种方法定价的关键是要正确预测市场销售量，如果预测不准，就会造成不必要的损失。

③目标利润定价法。即根据企业所要实现的目标利润来制定价格。采用该方法时，首先要明确所要实现的目标利润是多少。该方法简单易行，可提供获得预期利润时能够接受的最低价格和最低的销售量，并能保证实现既定的利润目标。其缺点是，只考虑企业的利润，忽略了竞争和需求的实际情况。

(2)需求导向定价法

需求导向定价法，是指产品在定价时主要以消费者对产品的价值感受和需求强度来作为定价的基本依据。这一类的定价方法主要是感受所认同的价值，而不是产品的实际价值，因此，利用该方法定价可以充分使用各种营销策略和手段，影响买方的感受，使得消费者对该产品产生一定的价值观念，然后企业再根据产品在消费者心目中的价值来定价。

①理解价值定价法。也称为认知价值定价法，是指企业以消费者对产品价值的感受和理解度来确定价格。理解价值定价的关键是企业要根据消费者理解的价格来进行估计。

②需求差异定价法。需求差异定价法是指企业根据产品的销售对象、销售地点、销售时间等条件不同所产生的需求差异为定价的基本依据。

(3)竞争导向定价法

竞争导向定价是根据竞争者产品的价格来定价。这种定价方法适用于竞争激烈、供求不大的产品，主要是企业为应付市场竞争，或者防止竞争为其定价目标，最终实现利用价格排斥竞争者，扩大市场占有率的方法。

①随行就市定价法。随行就市定价法是指企业在定价时，根据本行业在市场上的平均价格水平来为本企业产品定价的方法。

②投标定价法。投标定价法是指企业不预先制定价格，通过招标的方式，引来顾客竞争，从而选其有利价格成交的方法。

③拍卖定价法。拍卖定价，即由卖方先展示拍卖物品，买方预先看货，到规定时间公开拍卖，买方竞价，不再有人竞价的最后一个价格为成交价格，卖方按此价格拍板成交。

(五)定价的技巧与策略

企业在制定了基本价格后，要建立一种多价位结构，以适应不同的需求特点。因此，有必要针对不同的消费心理、购买行为、地区差异、需求差异等，对基本价格进行修改。价格修改主要包括心理定价、折扣定价、地区定价、需求差别定价、新产品定价以及产品组合定价。

1. 心理定价

(1)整数定价

整数定价就是将产品价格采取合零凑整的办法，把价格定在整数或整数水平上，给人产品档次较高一级的感觉。

(2)尾数定价

尾数定价是指保留价格尾数，采用零头标价，将价格定在整数水平以下，使价格保留在较低一级档次上。尾数定价一方面给人以便宜感，另一方面因标价精确给人以依赖感。

(3)声望定价

声望定价是指针对消费者“一分钱一分货”的心理，对在消费者心目中享有声望、具有信誉的产品制定较高价格。

(4)习惯定价

习惯定价是指按照消费者的习惯性标准来定价。消费者心目中通常形成一种习惯标准，符合其标准的价格容易被顾客接受，否则易引起顾客的怀疑。

(5)招徕定价

招徕定价是指将产品价格调整到低于价目表价格，甚至低于成本费用，以招徕顾客促进其他产品的销售。

2. 折扣定价

企业为了鼓励顾客及早付清货款、大量购买、淡季购买，还可以酌情降低其基本价格。这种价格调整称为价格折扣。

(1)价格折扣的主要类型

①现金折扣：这种折扣是企业给那些当场或定期付清货款的顾客的一种减价。

②数量折扣：这种折扣是企业给那些大量购买某种产品的顾客的一种减价，以吸引顾客买更多的物品。

③功能折扣：这种价格折扣又称为贸易折扣。功能折扣是制造商给某些批发商或零售商的一种额外折扣，促使他们执行某种市场营销功能(如推销、储存、服务)。

④季节折扣：这种价格折扣是企业给那些购买过季商品或服务的顾客的一种减价，使企业的生产和销售在一年四季保持相对稳定。

⑤促销折扣：这种折扣是企业在特定市场的范围和经营时期内，根据商品原价确定让利系数，进行减价销售。

(2)影响折扣策略的主要因素

影响折扣策略的主要因素有：竞争对手以及联合竞争的实力、折扣的成本均衡性、市场总体价格水平。

3. 地区定价

所谓地区性定价策略，就是企业要决定：对于卖给不同地区(包括当地和外地不同地区)顾客的某种产品，是分别制定不同的价格，还是制定相同的价格。也就是说，企业要决定是否制定地区差价。地区性定价的形式有以下五种。

(1)FOB原产地定价

所谓FOB原产地定价，就是顾客(买方)按照厂价购买某种产品，企业(卖方)只负责将这种产品运到产地某种运输工具(如卡车、火车、船舶、飞机等)上交货。交货后，从产地到目的地的一切风险和费用都由顾客承担。

(2)统一交货定价

所谓统一交货定价，就是企业对于卖给不同地区顾客的某种产品，都按照相同的厂价加相同的运费(按平均运费计算)定价。

(3)分区定价

所谓分区定价，就是企业把全国(或某地区)分为若干价格区，对于卖给不同价格区顾客的某种产品，分别制定不同的地区价格。

(4)基点定价

所谓基点定价，是指企业选定某些城市作为基点，然后按一定的厂价加上从基点城市到顾客所在地的运费定价，而不管货物实际上是从哪个城市起运的。

(5)运费免收定价

有些企业因为急于和某些地区做生意，负担全部或部分实际运费。

4. 需求差别定价

所谓需求差别定价是指企业按照两种或两种以上不反映成本费用的比例差异的价格销售某种产品或服务。

需求差别定价有如下适用条件：①市场必须是可以细分的，而且各个市场部分必须表现不同的需求程度；②以较低价格购买某种产品的顾客没有可能以较高价格把这种产品倒卖给别人；③竞争者没有可能在企业以较高价格销售产品的市场上以低价竞销；④细分市场的成本费用不能超过因实行价格歧视而得到的额外收入，这就是说，不能得不偿失；⑤价格歧视不引起顾客反感，不会放弃购买或影响销售；⑥采取的价格歧视形式不能违法。

(1)顾客差别定价

顾客差别定价是指企业按照不同的价格把同一种产品或服务卖给不同的顾客。

(2)产品形式差别定价

产品形式差别定价是指企业对不同型号或形式的产品分别制定不同的价格，但是，不同型号或形式产品的价格之间的差额和成本费用之间的差额并不成比例。

(3)产品部位差别定价

产品部位差别定价是指企业对于处在不同位置的产品或服务分别制定不同的价格，即使这些产品或服务的成本费用没有任何差异。

(4)销售时间差别定价

销售时间差别定价是指企业对于不同季节、不同时期甚至不同种类产品或服务分别制定不同的价格。

5. 新产品定价

(1)撇脂定价

所谓撇脂定价，是指在产品生命周期的最初阶段，把产品的价格定得很高，以攫取最大利润，犹如从鲜奶中撇取奶油。企业之所以能这样做，是因为有些购买者主观认为某些商品具有很高的价值。

(2)渗透定价

所谓渗透定价，是指企业将其创新产品的价格定得相对较低，以吸引大量顾客，提高市场占有率。

(3)满意定价

所谓满意定价，是指介于渗透定价与撇脂定价之间的一种定价策略。指企业在新产品投放市场时，企业制定了消费者和生产者双方都满意的价格，既能减少激烈的竞争，同时企业又能较快地回收投资。

6. 产品组合定价

(1)产品大类定价

通常企业生产出来的是产品大类，而不是单一产品。当企业生产的系列产品存在需求和成本的内在关联性时，为了充分发挥这种内在关联性的积极效应，需要采用产品大类定价战略。在定价时：

首先，要确定某种产品的最低价格，使它在产品大类中充当领袖价格，以吸引消费者购买产品大类中的其他产品。

其次，要确定产品大类中某种商品的最高价格，使它在产品大类中充当品牌质量和收回投资的角色。

最后，要使产品大类中的其他产品也分别依据其在产品大类中的角色确定不同的价格。

(2)选择品定价

许多企业在提供主要产品的同时，还会附带一些可供选择的产品或特征。

(3)补充产品定价

有些产品需要附属或补充产品。如剃须刀片和胶卷，制造商经常为主要产品(剃须刀和照相机)制定较低的价格，而将附属产品制定较高的价格。

(4)分部定价

服务性企业经常收取一笔固定费用，再加上可变的使用费。

(5)副产品定价

在生产加工肉类、石油产品和其他化工产品的过程中，经常有副产品。如果副产品价格很低，处理费用昂贵，就会影响到主产品的定价。制造商确定的价格必须能够弥补副产品的处理费用。

(6)产品系列定价

企业经常以某一价格出售一组产品，这一组产品的价格低于单独购买其中每一产品的费用总和。

二、案例分析

【案例分析一】

广本非常道：定价策略

广本价格，没想到引发了中国汽车销售市场的“多米诺骨牌效应”，谁是最大的赢家？

1. 推倒轿车价格的“多米诺骨牌”

“我后悔没有把价格再定低点，但是当时广本的产能没法满足，所以我妥协了。”谈到当年的雅阁定价细节，广州本田首任总经理门胁第一句话就让人摸不着头脑。

在“老三样”几乎一统天下的1999年，定价为29.8万元的第一台广州本田雅阁车在3月26日下线，这是当时国内首批生产即采用与世界同步技术的首个车型品牌。突破30万元底线的价格，加上全球同步的先进技术，广州本田雅阁一鸣惊人，震惊业内，当年即实现了产销10 008台的佳绩，并且价格一直持续到2003年第七代雅阁的下线。

门胁说，“我们要以长远的目光看，把更多的好处带给客户。但如按我当时的想法，我希望把价格定得再低一些。关于性价比——客户能接受的价格和车辆性能的平衡，我反反复复对我的接班人说了很多次。如果企业光想赚钱，是很难长时间存在的。让客户有利益、企业也有利益才能长期发展。”

“真的要定出一个合适的价格可以说是很难的，没有正式的做法，也不是计算出来的数字。我是根据我过去30年的经验，同时听取客户、员工的声音做出的。”门胁深有感触地说，“我思考的是，中国的汽车产业与全球的汽车产业必须并肩发展，怎样使中国的汽车产业尽快做到这点，与此同时把最大的利益还给客户。汽车的价格有个难点，不是越便宜就越好。对中国人来说，满足他们的价值感是很重要的，车辆的魅力、性能与价格的平衡很重要。我坐在雅阁上，我就会想，现在的价格能不能很好满足客户的价值感，如平衡有欠缺，就要把车子的性能提高，将车的质量进一步改进。这样的价格下，客户应该得到什么样的车，当其他厂家的价格向我们靠拢时，我们没有考虑降价，而是让它的性能提高，让客户觉得更值。在全球，本田一般以低于同类车15%～20%的价格来定价。”

看来，广州本田的“与世界同步”，绝不是宣传上的噱头，而是要让产品在质量、价格和服务方面与国际真正接轨。让用户放心的是，广州本田的定价策略也始终与国际接轨，保持相对稳定。

价格是中国车市的敏感话题。国产轿车在维持了多年“爱买不买”的高价姿态后，人们期待有新车型能打破价格平衡，引导市场重新洗牌，而广州本田雅阁恰恰适时地切中了要害。自1999年首辆国产雅阁轿车下线以来，广本雅阁凭借质优价美的强大优势，在中、高档轿车市场长期充当价格标杆。

2003年1月15日，与世界同步全面换型的广州本田新一代雅阁轿车(本田第七代Accord)隆重下线。这是一次真正意义上的产品更新换代。但是，让世界惊讶的不仅仅是广州本田这一大胆的做法，更是新一代雅阁公布的价格：全国统一销售价格25.98万元，相比“98款雅阁”低了近4万元，还没算上技术性能及配置升级所折算的费用。新一代雅阁轿车系列车型的风格、技术和性能已达到世界级新水平高度，其发动机性能、变速箱和车身都是全新设计，整车驾驶和操作性，乘坐舒适性和适用性，特别是安全、环保和节能等方面均已居于同级轿车之首。

新一代雅阁的下线，推倒了中国中、高档轿车市场的价格“多米诺骨牌”，实现了轿车价值的回归，同级别车型纷纷下调价格进行应对。

本已热销的雅阁凭借这一极具竞争力的价格，被业内人士称为国内中高档轿车的价格杀手，被媒体评价为“中高档轿车市场的价格标杆”。几乎所有想买车的人都在惊叹：还有这么便宜的好车！买这款车的等待时间最长达到了四个月，加价最高达到了8万元，加价、排队买车的景象在广本雅阁的身上被发挥得淋漓尽致。

广本的举动在业内总是显得特立独行，而又很有长远的市场眼光。到了当年底，广本又引进获得上年日本单车型销量第一的高端小型车“飞度”，定价下探10万元以下，成为中国第一款与国际价格完全接轨的引进车型。

在中国汽车市场上，雅阁最早举起了低价入市的大旗，并一举成为汽车性价比的标杆，而且从没有一款车像雅阁那样，能够连番占据市场的主动权。

从2000年到2002年，国产中、高级车的价格标杆是30万元左右，如雅阁、帕萨特的定价都是29.8万元；2003～2004年下移至25万元左右，主力车型有雅阁、蒙迪欧、天籁、马自达6等；2005～2006年，中、高级车的价格标杆再次下探至20万元左右。中、高级车的主流价格标杆从30万元到18万元的历史演变，实质是汽车价值的理性回归。同时，这个标杆是阶段性的，可以预见，“标杆”的变化今后还将频繁和连续出现。始作俑者，则是广州本田。

2.“价格推倒”

广州本田的管理层认为，决定市场竞争成败的因素有很多，但首先要强调的是价格。广州汽车集团股份有限公司总经理曾庆洪曾经说过，消费者买车，价格才是硬道理。广州本田的定价原则一直没有改变，那就是超前，相对稳定，并力求与国际市场价格接轨。

曾庆洪说：“有的企业喜欢说定价‘一步到位’，我认为不妥，说超前定价更恰当。根据国外的售价进行汇率折算后，再加上17%的增值税和5%的消费税，飞度轿车的售价，已经提前实现了与国际接轨。”

其实，广本的定价策略，与众不同之处是一种“价格倒推”。曾庆洪说，对于如何定价，不同的企业有不同的定位。广本的定价则主要考虑自己的成本，而且价格确定后要保持相当一段时间的稳定性。其实，广本也可以搞一个比较高的价格，然后过一

两年降 2 万元，再过一两年再降 2 万元。但本着为消费者负责的态度，广本根据自己的成本，确定一个具有稳定性的价格。

门肋说："老实讲，我们定价不是从与对手竞争出发，也不是追求市场份额，最重要的是告诉用户一种信息，让用户获得购买的喜悦。我们推出飞度，目标是掀起私家车的一个新热点，让刚刚进入有车族的年轻人也能用上一款世界先进水平的好车。"

"我们对产品的定价不会只看眼前的市场形势，而是要看到几年后市场的发展。新雅阁上市后，比旧款低了 4 万多元，按目前的销售状况看，这款车完全可以以旧款雅阁的价格销售，为此我们可能会白白损失近 40 个亿的收入。但我们考虑这款车在未来几年的发展，考虑到用户买车的利益，确定了这一与国际价格相接轨的新价格。飞度的定价同理，我们不希望它能在短期内为广州本田带来高额的回报，而是将它作为广州本田重要的一个产品系来经营。"曾庆洪对此感触颇深。

对于雅阁定价的成功，中国汽车工业咨询发展公司首席分析师贾新光认为："雅阁产品本身是非常不错的，在全球众多的雅阁车型中，选择适合中国的美国款雅阁，以极具竞争力的价格推出，是成功的关键。广本不急于一下子就赚很多钱，这样在市场上就占有了主动性，而不像有些车那样的小心算计，结果处于被动。"他认为："雅阁定价策略的成功也给其他汽车厂家一个启示，中国市场处于一个剧烈变化的过程中，能否有好的战略，占据市场的主动地位是十分重要的。"

"从营销学的角度来说，用双优势的群聚效应定义更为准确，即汽车市场还在一路高歌的时候，便利用原有的品牌优势和低价入市的策略，来达到消费者的群聚效应。"北京大学经济学院教授薛旭这样认为。他还补充道："原来 28 万～30 万元之间的这部分中级车市场并不大，雅阁低价入市的另一个效应就是扩充了中级车市场。"

在中国汽车市场上的众多合资企业中，广州本田并不是最大的，但却长时间雄踞中、高档轿车市场的销售榜首，这其中雅阁精准的定价策略发挥了很大的作用。如今，当初的环境早已不再，一个个后来者已然踏平了新车低价入市的策略，一次次刷新人们的心理底线，特别是在中级车市场上屡试不爽。这一现象表明，随着汽车市场的成熟与发展，广本的定价策略日益成为众多汽车厂家的共同行为，定价的竞争正在从粗放型走向精细化。面对众多强手，雅阁从以前的"标杆"，成了如今的"标靶"。

"随着汽车市场的成熟和发展，汽车市场的竞争已经远不只停留在原来的价格战和后来的高性价比，现在讲究的是包括品牌内涵、价值、服务、使用成本等综合竞争力。雅阁的'终结者'不能仅凭简单的便宜和性价比，而是要依靠综合竞争力。"贾新光认为。

资料来源：姚斌华，韩建清：《见证广州汽车 10 年》，广州，广东人民出版社，2008。

【案例分析二】

吸引顾客的定价艺术

虚虚实实的价格，真真假假的标价，有时候，产品的标价只是扰乱你理性判断的幌子。

【故事一】昂贵的免费牛排

美国历史最悠久的一出盛大闹剧，每天都在得克萨斯州的阿马里洛上演。就在刚下 40 号公路的地方，立着一块巨大的广告牌，上面写着：免费的 72 盎司(1 盎司约为

31.1035 克)牛排。这是“大得州牛排牧场”餐厅的招牌菜，内容包括沙拉、基围虾、烤土豆、肉卷、黄油和一块超大牛肉。餐厅的要求是：你必须在一个小时里把所有东西全都吃完。要不然，你得掏 72 美元买单。

在如今这个好打官司的时代，这样一笔交易当然会有些详细的规定条款。比如，顾客必须预先支付 72 美元，吃完以后店方全额退还；顾客不用吃肥厚的脂肪，但是否属于肥厚的脂肪则由餐厅判断；任何第三者均不得碰触食物。另外，就餐者必须签署一份弃权书，声明所有健康风险由自己承担。

点 72 盎司大牛排的人，其实成了进入餐厅例行表演的人：他们必须坐在特殊的舞台上，当着所有人的面吃，且吃饭期间不得离开桌子。还有，再提醒一句：要是有人吃吐了，就算他自己还想继续吃下去，也没有资格了。

自 1960 年(当时的价格是 9.95 美元)以来，约有 6 万名饕餮客接受了这个挑战。餐厅报告说，有 8500 人全部吃完，整体成功率达到 14%。由于尝试的妇女并不多，但登台的妇女 50%都成功了。点 72 盎司牛排大餐的人大概觉得，不管怎么说，这都是笔划算的交易，每盎司牛肉才 1 美元。而且，跟那种“能吃多少吃多少”式的促销活动不一样，顾客可以把吃剩下的部分打包带回家。

表面上看，你好像没什么损失，但好好想想看：你在阿马里洛吃了一顿 72 美元的晚餐啊!

“免费”的 72 盎司牛排大餐，是民间智慧和专业定价的共同产物。1960 年，大得州牛排牧场餐厅的老板鲍勃·李独自想出了这个点子，那时可根本没什么点餐顾问。他的促销手法包括了如今学术界和营销专业人士都信奉的几条原则。

最重要的一点是，72 盎司牛排是一个锚点。一来到大得州餐厅，你必然会反反复复地听人提到、自己看到“吃 72 盎司牛排”的事儿。虽然绝大多数顾客不会点这道菜，可它巧妙地提高了就餐者对自己食量的估计，也提高了他们的支付意愿。

在这方面，一项锚定试验值得一提。这项试验问一组受试者两个问题：

1. 普通美国人每年吃下的肉食，是多于还是少于 50 磅?

2. 普通美国人每年吃多少磅肉?

答案的中间值为 100 磅。

又问另一组受试者：普通美国人每年吃下的肉食是多于还是少于 1000 磅? 结果这组受试者的估计中间值成了 500 磅。

大得州牛排牧场餐厅的促销，其实就是一个简单的非线性定价的例子。

所谓“非线性”定价，指价格(或单位重量的价格)不是一条直线，而是随着消费量变化。

72 盎司牛排售价 72 美元，可要是你吃完所有的东西，价格就直线下降为零。

这类定价手法施出了一记魔咒。它是价格顾问们最常用的一种手法，从手机账单到飞机票，样样东西上都可见到它的身影。大得州牛排牧场餐厅里饥肠辘辘的顾客并不知道自己是将要付出 72 美元，还是一个子儿都不必出。这种不确定性大大削减了 72 美元的真实性。

判断这类交易还有另一种方法：按每盎司的价格来看。点了 72 盎司牛排的就餐者，要是只能吃下 1 盎司，就得付每盎司 72 美元的离谱价格；可要是有人能吃下 32 盎

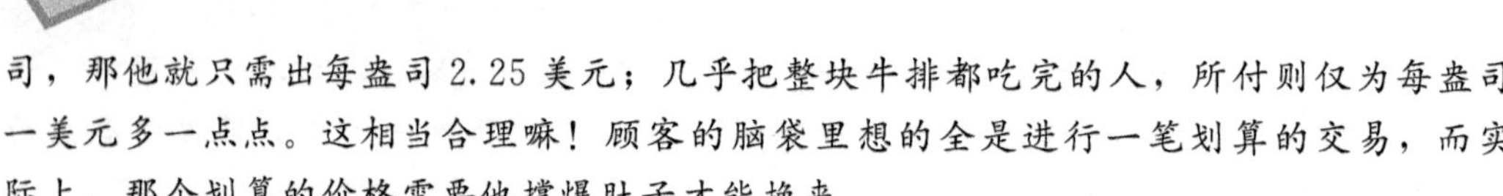

司，那他就只需出每盎司 2.25 美元；几乎把整块牛排都吃完的人，所付则仅为每盎司一美元多一点点。这相当合理嘛！顾客的脑袋里想的全是进行一笔划算的交易，而实际上，那个划算的价格需要他撑爆肚子才能换来。

【故事二】酒店的啤酒自然贵

说到对任意连贯性最狡诈的应用，去收银台看看便知道了，那就是超市发的“打折积分卡”(也叫“忠诚卡”)。使用这种卡的消费者，是自己把自己当成了吝啬鬼。一想到错过了便宜 5 毛钱买条毛巾的好机会，他们简直要抓狂。所以，一站到收银台跟前，他们便摸索着掏出积分卡来。这些人，就是能为了节省 5 块钱开车穿过整座城市的顾客。

积分卡的数据能告诉市场，对价格最敏感的顾客定期地购买哪些品牌和物品。按超市咨询事务所“威拉德·毕晓普”的吉姆·郝特尔的说法，连锁店一般会安排 500 多样最频繁出售的商品，给它们特殊对待。超市知道，可口可乐、牛肉或者麦氏咖啡一涨价，顾客就能注意到。所以，他们总是尽可能地找最不容易受人注意的商品提价。其他顾客购买不频繁的东西，比如甜面酱、石榴、奶酪、鲜榨橙汁等提了价，几乎没人会有意见。“靠这些东西，有机会赚点儿利润。”郝特尔解释说。这是因为顾客记不得上回买它的时候付了多少钱，或是对这些东西的成本没有准确的概念。

在确定什么能调动消费者支付意愿的道路上，超市顾问们尚未搬动的“石头”不多了。最近的一项调查结果耐人寻味：呈逆时针方向逛完商店的顾客掏腰包时会更豪爽些，平均而言，比顺时针逛商店的人多花两美元。

Envirosell 公司 CEO 帕可·安德希尔提到一种挺热门的推测：北美人把购物车看成是“汽车”，要靠公路右侧行驶。“要想让我注意到你”，安德希尔说，“最好到我右边去”。根据这一理论，要是货架或墙壁在右边，习惯用右手的人(占了大多数)便更容易冲动购物。赫伯·索伦森的研究结果已经得到了广泛采用，超市把主要入口设在店面的右边，鼓励消费者沿逆时针方向购物。

泰勒最著名的思想实验跟杂货店有关：夏天的午后，你躺在海滩上，迫切地想来上一瓶冰镇啤酒。一位朋友主动说，他愿意到附近唯一能买到啤酒的小杂货店去弄点儿来。他提醒你，那儿的啤酒可能挺贵，所以他问你愿意付多少钱。只有店里的价格不超出你的限额，他才会买；如果超过了，他就空手回来。

20 世纪 80 年代初，泰勒向企业高管们提出这个谜题，他们报出的保留价格平均是 1.50 美元。他又把同一个故事讲给另一组听众，只不过把卖啤酒的地方换成了豪华度假酒店下设的酒吧，这组受众报出的平均价格是 2.65 美元。

故事的两个版本都明确指出，朋友买的是你最爱的啤酒品牌。不管在哪儿买，它都是同一种产品。酒店的氛围与此无关，因为啤酒是买回来在沙滩上喝的。然而，高管们愿为豪华饭店的啤酒出平均两美元的价格，但对小杂货店卖的同种啤酒却不愿出这个价。酒店附设的酒吧要价两美元，人们觉得那是个公平的价格；小杂货店要这个价，就成了敲竹杠。

泰勒建议小杂货店“投资一些表面上看似多余的豪华设施，或是增设一间酒吧”，他认为这将提高人们对啤酒恰当价格的心理预期，进而带来更多的销量。

泰勒给小杂货店的另一项建议是，卖超大容量的啤酒，不是通常的 12 盎司装，而是 16 盎司装。因为消费者记得一罐 12 盎司装啤酒卖多少钱，却恐怕不知道 16 盎司装的啤酒该卖多少钱(他们可以算一算，但大多数人不会这么做)。此外，大容量装啤酒要比小罐装更容易带来额外利润。

泰勒的这两个想法都可以在如今的超市行业中看到。像全食市场(Whole Foods Markets)这样的高档超市，就充分利用了大部分的“多余豪华设施”。这样一来，他们得以开出在其他情况下顾客接受不了的高价格。每一家全食市场的分店都有一个引人注意的特色生产部。

“这些土豆有多小呢?”曼哈顿时代华纳中心分店摆卖的俄罗斯手指马铃薯旁竖着告示牌，上面和气地这样提问道。显然，比你的小指头还乖巧可爱——你还好意思比较价格吗?

诸如好市多和山姆会员制仓储式超市出售按加仑卖的蓝奶酪沙拉酱、32 卷一大包的卫生纸。你以为你批量买进很划算——有时的确如此，可另一些时候，这笔交易并没有你想得那么划算。好多消费者都不知道 6 磅重的菠萝块成本应该是多少。

“有机”和“绿色”的标签让高低档超市都大赚了一笔。不管这些术语到底是什么意思，它们都别有用意：偏高的价格不再显得像是在宰客了。

【故事三】在普拉达捡“便宜”

普拉达门市经理们的嘴皮子上经常挂着“锚点”这个心理学术语。在奢侈品行业，它指的是一种价格高得令人咋舌的东西，展示它的主要目的是摆布消费者。锚点本身也供出售——但要是没人买它，这没关系，它摆在那儿就是用来对比的。跟它一比，其他所有东西就都显得买得起了。

“这种手法最早可以追溯到 17 世纪，”帕可・安德希尔最近说，“你卖一样东西给国王，但朝廷上的每一个人都必须另外买一件稍微差些的配套货。橱窗里有 500 美元的皮包，你选件新 T 恤走总不算过分吧?”

就算是在经济最好的时候，奢侈品商店也不过是面子工程，是用来叫雄心勃勃的物质主义者们相信，这个世界是比实际上更为富裕、更爱挥霍的。感官逻辑公司的营销顾问丹・希尔说，成功的商店利用高价物品来创造“混合着愤怒与幸福的复杂感受”。中产阶级消费者感到愤怒，因为他们买不起店里陈列的、穿在名人身上的东西，但他们又因为买了其他东西而下意识地高兴起来。

行为定价理论的重要见解之一是，不卖的东西可以影响正在卖的东西。营销专家特沃斯基喜欢讲下面这个故事：在以所售产品质量好、价格高而出名的威廉斯・索拿马厨具连锁店，有一种神奇的烤面包机，售价 279 美元。他们后来新增的一种稍微大些的型号，售价 429 美元。猜猜后来怎么样?

429 美元的型号滞销得一塌糊涂。你又不是开寄宿学校的，要一台更大的面包机来干吗? 可 279 美元的型号销量差不多翻了一倍。

打那时起，零售商对价格的对比效应就渐渐开窍了。1992 年，特沃斯基和伊塔玛・西蒙森发表论文，指出了操纵性零售的两大原则。

第一条原则：避免极端。他们通过调查(对象包括美能达照相机、高仕钢笔、微波炉、轮胎、电脑和擦手纸)表明，在消费者不确定的时候，他们会避免购买价格最贵或者最便宜、质量最好的或最差、型号最大或最小的物品。大多数人倾向于走中庸之道。

故此，要想卖出800美元的鞋子，方法就是在它旁边摆双1200美元的鞋子。

第二条原则：权衡对比。走进一家皮货店，店里会摆放数十种手袋，按任何人的标准，这些货色都不是什么最高水准的精品。一种比较实用，一种更为时尚，另一种颜色则要有趣些，还有一种打六折。厌恶损失的消费者，对如此复杂多样的选择感到不舒服，她担心自己选了甲又后悔没选乙……

权衡对比原则认为，倘若甲物明显比较差的乙物要好，消费者会倾向于购买甲——哪怕还有许多其他选项，哪怕根本没办法判断甲是不是所有选项中最好的。光是甲比乙好这个事实就是一个卖点，它承载着远比理性更大的分量。很明显，购物者想选择一个(对自己、对朋友、对仔细盘查她信用卡账单的配偶来说)合乎情理的东西，缓解自己的焦虑。她可以告诉自己，买甲物是因为它比乙物要好得多。

权衡对比在奢侈品贸易中尤其重要，各品牌都有只卖自家商品的旗舰店。此外，拥有强势品牌的零售商在价格上有很大的灵活性。西蒙·库彻事务所的顾客们发现，他们老是责备客户把价格定得太低。"奢侈品的价格和任何成本都没有直接的关系，"这家事务所的一份市场报告干巴巴地宣告，"奢侈品定价的艺术，就是要量化产品对消费者的价值，不考虑成本、竞争对手或市场价。"

时尚界的现实情况完全吻合西蒙森和特沃斯基的两条原则。真正的时尚总是那么昂贵、不舒服、叫人吃惊又离谱。只有少数拥有精挑细选的无暇身材和足够充裕的钱包的人才穿得起它。其他人买些更舒服、价格更合理的东西就满足了。几样近乎遥不可及的东西可以操纵绝大多数的消费者。

普拉达最为推崇环境的营造。它找著名建筑师库哈斯设计自己位于纽约苏荷区的门店，费用是每平方米1700美元，房租另付，也是1700美元。它绝不会用一楼的空间来放置几乎卖不出去的东西，除非别有内情。权衡对比属于这桩买卖的一部分成本，跟广告、橱窗展示或者"建筑师"设计一个样。要是有什么东西跟高价的锚点商品类似，售价又不过前者的1/10(这可不常见)，买不起高价锚点的人，总可以买副300美元的太阳镜试试。再不然，110美元的手机挂饰也行啊！英国的普拉达网站会提示你去哪儿捡便宜(至少是在网上)。它会提供10款女鞋、23款手袋和54样"礼物"——类似钥匙串、手链和高尔夫球钉架等小玩意儿。一串手链卖60英镑，利润率何其惊人啊！

资料来源：威廉·庞德斯通：《市场营销案例》，2011年第10期。

三、实训项目

1. 实训任务

(1)根据产品价格形成的市场理论，明确影响定价的因素。

(2)根据产品定价的方法，给小组设计的产品以合适的定价。

2. 实训要求

(1)分析产品(小组设计的产品)的成本构成(固定成本与变动成本)。

(2)分析小组设计的产品适合何种价格制定方法，并确定产品的定价方法(小组设计的产品)。

(3)给小组设计的产品制定价格。

3. 实训评价

工作任务	核心能力要求	分项评语(小组长评定)
方法讨论	要求组织成员集思广益、充分交流沟通，分析产品的定价方法并说明理由。	
自我学习	提出自己的观点并听取他人的意见，吸取小组成员的长处，改进自己的不足，共同取得进步。	
信息处理	选择自己所需要的信息，并能判断信息内容的准确性及可靠性。进行信息分类，并能筛选信息，进行定性与定量分析。	
解决问题	比较各种可能解决问题办法的特点和可行性，包括风险因素(例如，成本效益分析)。选择解决问题的最优方案，并判断和阐明选择的合理性。	

4. 自我总结

5. 教师评价

任务七 分销渠道策略

一、相关理论知识

(一)分销渠道职能和类型

1. 分销渠道概念

(1)分销渠道的概念

分销渠道(Distribution channel)是指某种产品或服务从生产者向消费者移动时取得这种货物和劳务的所有权或帮助转移其所有权的所有企业和个人。它主要包括商人中间商、代理中间商以及处于渠道起点和终点的生产者与消费者，但是不包括供应商、辅助商。在商品经济中，产品必须通过交换，发生价值形式的运动，使产品从一个所有者转移到另一个所有者，直至消费者手中，这称为商流，同时，伴随着商流，还有产品实体的空间移动，称之为物流。商流与物流相结合，使产品从生产者到达消费者手中，便是分销渠道或分配途径。

(2)分销渠道的职能

分销渠道的主要职能有：①调研。即收集制订计划和进行产品交换时所必需的信息。②促销。即进行关于所供应货物的说服性沟通。③接洽。即寻找可能的购买者并与其进行沟通。④匹配。即使所供应的货物符合购买者需要，包括制造、装配、包装等活动。⑤实体分配。即从事商品的运输、储存等。⑥谈判。即为了转移所供货物的所有权，而就其价格及有关条件达成最后协议。⑦财务。即为补偿渠道工作的成本费用而对资金的取得与使用。⑧风险承担。即承担与从事渠道工作有关的全部风险。

2. 分销渠道的结构与类型

(1)根据是否有中间商的介入划分，可以分为直接分销渠道和间接分销渠道

①直接分销渠道。直接分销渠道又叫零级渠道，是指生产者将产品直接供应给消费者或用户，没有中间商介入。直接分销渠道的形式是：生产者—用户。

②间接分销渠道。间接分销渠道是指生产者利用中间商将商品供应给消费者或用户，中间商介入交换活动。间接分销渠道的典型形式是：生产者—批发商—零售商—个人消费者(少数为团体用户)。

(2)根据中间环节层次的多少划分，可以分为短渠道和长渠道

①短渠道。包括零级渠道和一级渠道。

零级渠道(MC)：即产品由制造商(Manufacturer)直接到消费者(Customer)。也称为直接分销渠道，简称直销。该渠道产品不经过任何中间环节，直接由企业供应给消费者。

一级渠道(MRC)：即产品由制造商(Manufacturer)通过零售商(Retailer)到消费者(Customer)。这是最为常见的销售渠道。这种模式是指企业和消费者之间只经过一个

层次中间环节的分销渠道。

②长渠道。长渠道包括二级渠道和三级渠道。

二级渠道(MWRC)：即由制造商(Manufacturer)—批发商(Wholesaler)—零售商(Retailer)—消费者(Customer)，多见于消费品分销。该模式是指企业和消费者之间经过两个层次的中间环节的分销渠道。

三级渠道(MAWRC)：即由制造商(Manufacturer)—代理商(Agent)—批发商(Wholesaler)—零售商(Retailer)—消费者(Customer)。这种模式是指企业与消费者之间经过三个层次中间环节的分销渠道。

(3)根据同一层次中间商多少划分，可以分为宽渠道与窄渠道

企业使用的同类中间商多，产品在市场上的分销面广，称为宽渠道。企业使用的同类中间商少，分销渠道窄，称为窄渠道。

(4)根据企业采用分销渠道的多少，划分为单渠道系统和多渠道系统

单渠道系统是指企业只通过一条分销渠道销售产品，多渠道系统也称为复式渠道或混合渠道，是指企业对同一或不同细分市场，同时采用多条渠道的分销体系，并对每条渠道或至少对其中一条渠道拥有较大控制权。

(5)根据分销渠道系统的管理模式来划分，可以分为垂直型分销渠道和水平型分销渠道

①垂直渠道系统，是由生产者、批发商和零售商纵向整合组成，其成员属于同一家公司，或为专卖特许权授予成员，或为有足够控制能力的企业。每个成员把自己视为分销系统中的一份子，关注整个垂直系统的成功。

②水平渠道系统，又称为共生型营销渠道系统，它是指由两个或两个以上公司横向联合在一起，共同开发新的营销机会的分销渠道系统。

(二)分销渠道的设计、选择与管理

1. 影响分销渠道设计的因素

(1)产品因素

①产品的价格：一般来讲，产品的价格越低，销售渠道应越长、越宽；反之，产品价格越高，销售渠道应越短、越窄。

②产品生命周期：款式、花色多变，时尚程度较高，生命周期短的产品，如各种新式玩具和妇女时装，应选择较短、较宽的销售渠道，以减少中间层次；款式不易变化，产品生命周期长的产品，则可选择较长、较窄的销售渠道。

③产品的物理化学性质：易毁、易腐产品，应尽量避免多次转手，反复搬运，造成严重的损失，所以应选择较短的销售渠道或直接渠道。物理化学性质比较稳定的产品可以考虑使用中间商或相对较长的渠道。

④产品的体积和重量：体积过大或重量过重的产品，由于装卸、运输不便且运费较高，应尽量减少销售的中间环节，选择短渠道。

⑤产品的技术复杂性：产品技术复杂程度越高，对售前、售后服务要求越高，企业一般应选择较短的销售渠道或直接渠道。

⑥产品的标准化程度：产品的标准化程度高、通用性强，可选择较长、较宽的销

售渠道；而非标准化的专用性产品，则应选择较短、较窄的销售渠道。

⑦是否属于新产品：企业为了尽快打开新产品销路，取得市场占有率，往往不惜花费大量资金，多采用较短的销售渠道，甚至组成推销队伍直接向消费者出售产品。

(2)市场因素

①目标市场的顾客的数量：一般来说，顾客数量的多少，决定市场的规模。市场规模大，就需要中间商提供服务；反之，市场规模小，则可由生产厂家直接销售给顾客。

②目标市场的顾客分布状况：顾客若较为集中，宜选择较短、较窄的销售渠道；若顾客较为分散，则宜选择较长、较宽的销售渠道。

③顾客的购买行为习惯：对于不同的产品，顾客的购买习惯和购买量是存在差异的。对于购买量较少、购买频率较高的产品，应选择较长、较宽的销售渠道；而对购买量较多、购买频率较低的产品，应选择较短、较窄的销售渠道。

④目标市场区域的范围大小：市场区域的范围较大，宜选择较长、较宽的销售渠道；市场区域的范围较小，宜选择较短、较窄的销售渠道。

(3)企业自身因素

①企业资源：企业资源包括企业的声誉、人力、财力、物力、技术、信息等方面。如果企业资源雄厚，并且有较好的信誉，则可供企业选择的渠道较多。

②销售管理能力：销售管理能力强的企业，有足够的销售力量，或者有丰富的产品销售经验，可以考虑采用短渠道来加强商品的销售。

③对销售渠道的控制能力：如果企业有较强的销售能力，能够控制商品的零售价格，把产品直接售给消费者或用户，可以选择较短的销售渠道。

④企业对顾客的服务能力：如果企业有较强的服务能力，能为最终顾客提供较多的服务，则可选择较短的销售渠道，甚至直接对顾客进行销售；反之亦然。

(4)政策环境因素

它主要是指政府的方针政策和法律因素对渠道的影响。

2. 分销渠道的设计

(1)确定渠道模式

企业分销渠道设计首先是要决定采取什么类型的分销渠道，是派推销人员上门推销或以其他方式自销，还是通过中间商分销。

(2)确定中间商的数目

即决定渠道的宽度。这主要取决于产品本身的特点，市场容量的大小和需求面的宽窄。通常有三种可供选择的形式。

①密集性分销。运用尽可能多的中间商分销，使渠道尽可能加宽。②独家分销。在一定地区内只选定一家中间商经销或代理，实行独家经营。③选择性分销。这是介于上述两种形式之间的分销形式，即有条件地精选几家中间商进行经营。

(3)规定渠道成员彼此的权利和责任

在确定了渠道的长度和宽度之后，企业还要规定自己与中间商各自的权利和责任，如对不同地区、不同类型的中间商和不同的购买量给予不同的价格折扣，提供质量保证和跌价保证，以促使中间商积极进货。

3. 选择销售渠道的具体步骤

(1)了解目标市场对销售渠道的要求

理解消费者或用户购买什么、在哪购买、为什么购买、什么时间购买和怎样购买是选择销售渠道的首要一步，也就是说要根据顾客的要求来设计渠道功能和服务水平。

(2)选择使用中间商

生产企业选择中间商的最终目的是充分满足目标顾客的需要。产品途径中中间商只是达到这一最终目的的方式。因而，顾客导向是选择中间商的出发点。从具体工作来说，选择中间商是为了使产品更有效地送抵最终用户。

(3)确定中间商的数目

生产厂家销售渠道的每一层次选择使用多少中间商决定了营销渠道的宽度，它与企业的市场营销目标和营销战略有关。常用的销售渠道策略有三种：①广泛性分销渠道；②选择性分销渠道；③独家专营分销渠道。

(4)选定中间商

中间商的状况如何，将直接影响企业的产品销路及经济效益，企业选择中间商应依据以下条件。

①目标市场。选择的中间商，其服务对象应与本企业的目标市场相一致。

②地理位置。零售商所处的地理位置应位于本企业的顾客群体流量大的地区，批发商应有较好的交通运输及仓储条件。

③产品经营范围。应选择经营有相互连带需要的中间商。

④促销措施。要考虑所选择的中间商是否愿意承担部分促销费用。

⑤提供服务。现代产品的销售工作，往往需要各种服务的相互配合。

⑥运输和储存条件。运输和储存条件对某些产品的生产企业是十分重要的。

⑦财务状况。财务力量和财务状况较好的中间商不仅可以按期结清货款，而且还可能预付货款，为企业提供某些财务帮助。

⑧管理能力。如果所选择的中间商领导者很有才干，其各项工作安排井然有序，说明他们可以信赖，并有条件把产品的销售工作做好。

⑨中间商的信誉状况。要考虑中间商的历史渊源，从业年限，经营过程中是否讲信誉以及顾客对其评价。

4. 分销渠道的管理

(1)中间商的激励

①向中间商提供物美价廉、适销对路的产品。

②合理分配利润。企业要充分运用定价策略和技巧，考察各中间商的进货数量、信誉、财力、管理等诸因素，视不同情况，分别给予不同的折扣和让利。

③协调与中间商的关系。产销矛盾，在某种意义上说是不可避免的。生产企业要与中间商结成长期的合作伙伴，就要不断协调二者之间的关系。

④授予独家经营权。这种做法固然会影响市场覆盖面，但可获得中间商的积极合作。

⑤开展各项促销活动。企业可利用广告宣传推销其产品，一般深受中间商欢迎。

⑥资金资助。中间商一般都期望生产企业能够给予他们一定的资金资助，这可促

使他们放手进货，积极推销产品。

⑦提供市场信息。市场信息是企业开展市场营销活动的重要依据。企业应将其所掌握的市场信息及时传递给中间商，使他们心中有数，以便能及时调整和制定销售策略。

(2)中间商的评估

①中间商的渠道营销能力。

②中间商的参与情况，包括对损坏和损伤商品的处理、与企业宣传及培训计划的合作情况以及对顾客的服务表现等。

(3)销售渠道的调整

①增减渠道成员。这是指在某一销售渠道里增减个别中间商，而不是增减这种渠道模式。但在决定增减个别中间商时，重要的是，企业需要做经济效益的分析。分析增加或减少某个中间商将对产品的销售、企业的收益等带来何种影响，其影响程度如何。

②增减销售渠道。这是指增减某一渠道模式，不是指增减渠道里的个别中间商。若增减渠道成员不能解决问题，企业可考虑增减销售渠道的方式。采取这种方式时，也要对可能产生的直接、间接反应及经济效益进行广泛的分析。

③调整销售系统。这是指改变整个销售渠道系统，即对企业原有的销售体系、制度，进行通盘调整。此类调整难度较大，它不是在原有销售渠道的基础上进行完善，而是改变企业的整个销售系统，将会引起市场营销组合的一系列变化。

(三)中间商

1. 中间商的内涵

(1)中间商的概念

中间商(Middleman)指分销渠道里的中间者，指那些将取得的产品再销售或租赁以获取利润的机构或者个人。

(2)中间商的功能

①提高销售活动的效率；②储存和分销产品；③监督检查产品；④传递信息。

2. 批发商

(1)批发商概念

批发商(Wholesaler)是指大批量取得产品，并批量售出，在产品购销过程中获取批发商业利润的单位或个人。

(2)批发商的主要类型

①按是否拥有产品所有权可分为经销批发商和代理批发商。

②按经销产品品种的多少可分为综合批发商和专业批发商。

(3)批发商的特点

①拥有大量的货物；②只大量出售，不提供零售业务；③出售的物品的价格会比市面上的卖得低。

(4)批发商的功能

①集中功能；②扩散功能；③平衡功能；④服务功能；⑤避险功能。

3. 零售商

(1)零售商的概念

零售商(Retailer)是指将商品直接销售给最终消费者的中间商，是相对于生产者和批发商而言的，处于商品流通的最终阶段。

零售商的基本任务是直接为最终消费者服务，它的职能包括购、销、调、存、加工、拆零、分包、传递信息、提供销售服务等。

(2)零售商的类型

①有店铺零售商：有固定销售场所的零售者。可表现为：杂货店、专卖店、百货商店、超级市场、折扣店、便利店、仓储商店。

②无店铺零售商：无固定的销售场所进行产品分销者。主要表现有：自动售货机，电话、电视、网络销售等直复营销，直销，购物组织等形式。

③联合零售。

④其他零售业态。

二、案例分析

【案例分析一】

扁平化：绕过二批，直奔终端

前店后仓，聚拢人气

在A市做了10多年酒水生意的郑老板，下线有几十个二批商。2003年，A市刮起了一股超市风，郑老板想，自己做酒水批发生意这么多年，算是有经验了，为何不开一个有特色而又专门经营酒水的超市呢?

于是，郑老板的“太阳升”酒水超市很快就开张了。面积不大，200多平方米，但是由于地段处在A市闹市区，并且门头上的大型广告牌就接近200平方米，再加上店面内外装修精美漂亮，使得超市一开张就格外引人注目。

在超市的后面，郑老板在自己的仓库之外又租了一个100多平方米的房子，继续运作酒水批发业务，一间是自己的办公室，一间是财务兼开票室，剩下的空间用作货物周转仓。

郑老板广泛结识厂家业务代表，说服他们：“我这酒水超市在A市独此一家，是新产品上市展示的最好窗口，全市大大小小的酒水经销商都来光顾。你把产品交给我，放心就是，实在销不出去，拿回去，就算我在超市里为你的产品免费做一次广告。另外，你们可以在附近直接租仓库，仓库保管是你们的人，我们什么时候要货就什么时候去你的仓库提货。”

业务代表感觉郑老板的话很有道理，而且看到他确实有很成熟的酒水批发网络，于是有的厂家代表就说服当地的大经销商，要求在郑老板处设立分销点，有的就直接把产品交给郑老板经销，反正仓库自己管着，前期投入不大，风险也不大，运作砸了，大不了算作样品，在他的酒水超市里搞促销展示得了。

在郑老板的酒水超市里，没有几种产品是真金白银买来的，对他来说，风险也不大。尽管如此，郑老板非常珍惜厂家给予他的机会，他不轻易接产品，但接到手的产

品一定会想方设法推广。他还特别注意自己的市场行为，对在该市不是自己总经销的产品，其批发价格一定征求厂家业务代表或上级经销商的同意，这种做法博得了厂家和同行的信任。

由于郑老板原有的酒水批发网络比较大，其酒水超市不久就在A市有了相当的名气。总体上讲，他的超市有四大特点：

第一，经销产品的生产厂家知名度高；

第二，产品保真，没有假冒伪劣货；

第三，酒水超市是全市唯一主营酒水和饮品的超市；

第四，价格比大卖场实惠，而且服务好，以购货数量多少为标准，给顾客提供送货上门服务。

开辟第二战线

有了稳定的货源，郑老板想尝试直接走终端，分销新进产品。

郑老板经常在报纸上打“豆腐干”广告推销他的产品，并招聘业务人员，所招人员一律采用收入提成制度，最多的时候，郑老板聘用的业务人员有七八十人之多。他找来一张A市地图，把整个市区分成若干小块，每一小块区域的商店、餐饮店，都要求业务人员骑自行车上门拜访并联系业务。

在运作之前，他要求每一位业务人员必须熟悉所拜访区域终端的产品上线供货商是谁。对于属于自己二级批发商供货的产品，郑老板不允许业务人员在该产品上与终端发生业务关系。他制定了严格的惩罚制度，只要是因为进货渠道冲突，导致二级批发商有意见的，该业务人员必须走人，并且扣罚当月工资。

一年多的时间里，郑老板的二级经销商没有因为郑老板直接运作终端而产生反感，相反还赞扬郑老板的“地面部队”填补了市场空白点，使产品覆盖率得到提升，促进了产品的销售。

由于郑老板经销的产品价格体系制定得好，销售渠道理得顺，再加上经销的全是快速消费品，还都有一定的知名度，尤其是高档酒水这一块业绩比较好，业务人员平均都能拿到比较高的收入。

这么多的业务人员拿这么高的工资，还能赚钱吗？郑老板认为：这一块业务是新开发的，不做，一分钱也挣不到，挣一毛是一毛，运作费用是高了点。但是，由于填补了下级经销商的销售空白，把本该用于二批商的利润再割一块出来给业务人员，值得。这样的运作，使厂家对郑老板的支持力度更大了，有利于以后加强服务。

郑老板的做法赢得了厂家业务代表的信任，他不仅成了某名牌酒在A市的总经销，而且厂家还把售后服务和打假的工作都交给了他。更重要的是，郑老板在提高自己知名度的同时，建立了自己的终端营销网络，通过这个网络，他可以随时掌握市场的变化情况，抵制各种市场风险。

买断供货权运作技巧

净雅海鲜是A市最有名的海鲜餐饮店，每天来就餐的客人必须提前预订，否则就不可能有位子，郑老板经销的五粮液酒一直和该酒店保持业务关系。

郑老板找到酒店的周老板说：“能不能把你酒店的白酒、啤酒、葡萄酒、乳品、饮料等五大类产品，全都由我买断一年的供应销售权。我保证产品由你来选，产品质量有问题由我来承担，我还将安排专人为你方服务，我更能保证的是我所提供的产品价格不比你现在进的高，并且我一次性提前支付你一笔买断费用。”

周老板很感兴趣：“这是个好办法，你先出个价吧，一年买断费多少？”

郑老板说道：“这样吧，你给我八天时间，我来告诉你，你得给我时间调查一下贵店的销售情况，我好回去核算一下。”

周老板笑着说道：“但你调查时，可不能去翻我的账本哦。”

郑老板立刻答道：“保证不影响任何经营，不妨碍任何人工作。”

周老板答应了。第二天，郑老板便带上人、车从上午 10 点到晚上 12 点一直守候在净雅海鲜城废品处，一连 7 天，郑老板把净雅海鲜城每天销售的各个品种的白酒、啤酒、葡萄酒、乳品及饮料的包装一个不漏地进行了统计。回去后再进行归整，并根据最低经销价格计算出了净雅海鲜城五大类酒水、饮品一周的营业额，郑老板又根据这推算出了其一年的大致营业额。于是通过成本计算，他圈定了买断净雅一年五大类产品供应销售权费用的范围。

通过谈判，最后确定买断一年期的总费用为 80 万元。先期郑老板向周老板提供价值 40 万元的小车一辆，剩余 40 万元从买断合作第 1 天起计算，10 天之内以现金支付。

许多同行经销商感到很诧异，认为郑老板在赌博。郑老板胸有成竹，一切都在计划中进行。买断经营运行到第 9 个月，有人问郑老板投入收回来了吗？郑老板说截至 8 月，基本盈亏平衡，剩下的 4 个月就是利润。

资料来源：倪杰主编：《现代市场营销学》，北京，清华大学出版社，2009。

思考题

1. 郑老板酒水销售渠道模式有哪几种？
2. 你从郑老板处理酒水销售渠道冲突方面得到了哪些启示？
3. 结合本案例谈谈在选择分销渠道设计与管理时应注意的问题。

【案例分析二】

多渠道创新的运营模式

这还是一个渠道为王的时代。

有了家具的新房，才有了家的味道。然而，大体量的产品规格也成了家具产品给予消费者的印象，在物流不够发达的时代，家具企业偏居一隅，深耕其中，活得很滋润。

随着中国经济的快速发展，交通开始四通八达，物流体系逐渐成熟，家具企业也随之开始了从区域走向全国的步伐，从未停歇。

在这个过程中，渠道的搭建成为中国家具企业发展的重中之重。然而，家具产品较长的生产流程及大规格的属性使其相比快消品等标准化产品而言显得极为笨重，物流成本居高不下，在现今物流体系较为完善的状况下依然为其掣肘，这是流通方面的问题。从中国家具渠道本身的演变来看，渠道多元化给企业的发展带来有利因素的同时，也进一步提升了企业的运营成本。

红星美凯龙等大型连锁卖场是家具企业最为核心的通路之一。家具企业通过遍布全国的经销商来支撑渠道的搭建，然而高昂的成本、经济形势的下行、终端品类的残酷竞争以及进入的高昂成本，都让其发展并非如想象的那么顺利。

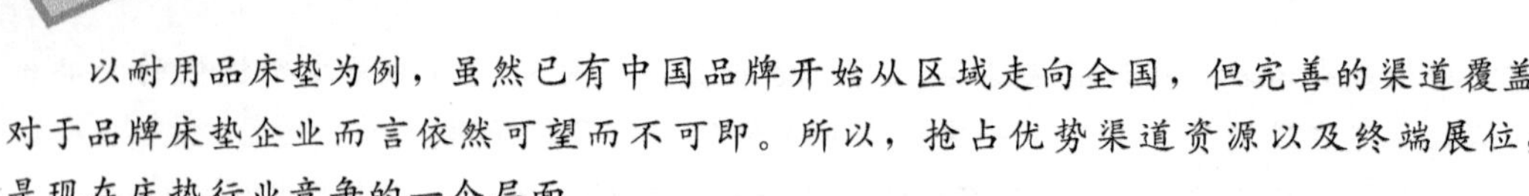

以耐用品床垫为例，虽然已有中国品牌开始从区域走向全国，但完善的渠道覆盖对于品牌床垫企业而言依然可望而不可即。所以，抢占优势渠道资源以及终端展位，是现在床垫行业竞争的一个层面。

在这个过程中，电子商务的崛起，让床垫企业在发力线下的同时，不得不顾及线上这个新兴的通路，而对于品牌床垫企业而言，渠道是立体了，但渠道关系却变得错综复杂了。

喜临门集团创办于1984年，已连续三年入选中国民营企业最具竞争力50强，并荣获中国民营企业国际竞争力50强。喜临门家具股份有限公司(简称喜临门)，是国内床垫行业的领军企业，始终以“致力于人类健康睡眠”为使命，专注于设计、研发、生产、销售以床垫为核心的高品质家具。

公司主要产品为床垫、软床及配套产品，旗下拥有“喜临门”“法诗曼”“巴宝莉”和“爱倍”四大品牌。公司核心产品床垫的年生产能力达100万张，成为全球著名的床具制造企业。

渠道整合：打造多渠道运营体系

随着新渠道的不断涌现，喜临门渠道整合必须意识到线上、线下销售的独特优势，并最大化它们的总体贡献。

为了保证营销渠道的畅通和高效，喜临门国内市场布局并没有固守传统营销渠道销售产品的做法，而是同时建立了三种独立的营销渠道：传统经销商、直营、电子商务。由于每个渠道所面对的目标市场不尽相同，因此各渠道之间几乎不存在冲突。

在传统渠道结构中，直营所占比例不高，核心在于传统经销商。对于喜临门而言，经销商渠道显得尤为重要，基本承载了喜临门国内市场大部分的销量。虽然家具行业集中度不高，但是具备先发优势的企业对优质经销商资源的抢占已经越发激烈，而家具的体验性特点，使传统渠道依然是购买的主要选择点，显然，传统渠道的搭建是否完善和有效，将决定喜临门的未来。

“网络渠道建设将是喜临门未来的战略重心。”陈阿裕表示。喜临门虽然不是率先实现网上销售的家具企业，但却在这两年尝到了甜头。相比于曲美、全友等家具企业的电子商务之路，喜临门的线上步伐很为谨慎：2011年，启动淘宝计划，在天猫开设官方旗舰店，其网络营销之路悄然开启；到2012年“双11”，其线上销售额跃升到1000万元；2013年“双11”，实现线上销售1500万元。

喜临门的线上品牌在线下渠道中并不进行销售，这规避了与经销商争利。通过线上多平台运作，使其网络营销之路越走越宽。

这种多渠道营销系统的打造，使喜临门受益匪浅。首先是市场知名度和覆盖率都得以提升，其次降低了渠道的运营成本，再次则是迎合了顾客的需求，实现了个性化销售。尽管多渠道运作具有多重利好，但随着营销渠道的进一步扩张，如何避免渠道冲突将是喜临门面临的新问题。

创新服务：实现差异化突围

喜临门以加盟为主、直营为辅的销售模式进行渠道开拓。目前，近千家终端店铺遍布全国各地，床垫年销售额近10亿元。喜临门已经成为床垫行业“渠道下沉”做得最好的企业之一。

虽然床垫行业依然处在粗放的竞争环境，但众多企业的品牌意识已然崛起，新一轮资源抢夺战已经开打，此阶段对于喜临门而言，是一个极度关键的节点。显然，其市场营销行为已经不再是简单地变着花样“推”或“拉”，而是要洞察市场脉搏，找准客户的需求点和服务的基点，这不仅考验喜临门的商业嗅觉，也考验喜临门的整体运营和管理能力。

“构建服务杠杆”不是一句简单的口号，而是一项系统工程，需要企业投入时间和精力。对于喜临门而言，它必须从提升经销商的终端赢利能力和运营能力等方面入手，在销售的全过程中让经销商感受到服务的专业性并获得“让渡价值”。只有让经销商多赚钱，才能鼓励他们帮助喜临门提升产品的溢价能力和品牌影响力。

打造 O2O 模式，提升单店绩效

喜临门的 O2O 模式开了床垫行业的先河。

首先，消费行为倒逼喜临门开创 O2O 模式。负责人提到：“在终端调研时发现，消费者时常会拿出手机对线下产品进行线上询价等行为。在消费者行为发生变化的当下，喜临门也要与时俱进进行调整。我们现在开展的市场活动，全是线上线下相结合的。”

其次，为线下增加客流。无论是 PC 端还是移动端，都是为线下增加客流，通过活动设计引导线上消费者到线下成交。显然，O2O 的本质是提高单店绩效，从一个平面销售成为一个立体和闭环的销售。在市场不景气的时期，单店绩效比开店更重要。

最后，不与经销商争利。喜临门的 O2O 模式将出厂价与零售价之间的零售利润都让与经销商，而后者承担床垫的配送、安装等售后服务成本，这样的分配对于品牌商和经销商都可以接受。

2013 年，在电商平台搭建起来后，喜临门将顾客从线上引入线下进行体验、消费，将旗下以经销商为主、遍布全国的近千家门店全部纳入 O2O 项目，并且在喜临门的新品革新之后实现了全国统一零售价。此举既让喜临门获得大量的消费者数据，保证了顾客到店体验的便捷性，也为喜临门实现物流和售后提供了基础。

搭建好平台之后，关键是如何将线上消费者引流到线下，喜临门的运作手段显然成为家具业的经典案例。在 2013 年“双 11”期间，喜临门通过在线上预售睡眠护照的互动活动设计，将线上消费者引入到线下实体店，而转化的工作则由线下经销商来进行，显然，线下的终端体验显得无比重要。

另一个活动则是在 21 款新品床垫上配备二维码，消费者只需通过移动终端扫描二维码即进入一个问答页面，回答 8 个问题，就可获取一张 100 元的优惠券，还可以参加抽奖活动，等等。喜临门床垫上的二维码成了调研消费者数据的利器，成为其产品研发数据的支撑，有利于喜临门不断改进产品。通过给消费者创造丰富的客户体验，来实实在在地关心他们的睡眠问题。

打造终端体验，提升转化率

广告、活动抑或是 O2O 模式，最终的价值体现在引导消费者对喜临门的认知并到终端进行消费，所以，比快速扩张更迫切的是要将更多的精力放在顾客体验上，哪怕最细微的调整，也都是为了加深顾客对喜临门的印象。有人认为：喜临门必须提升顾

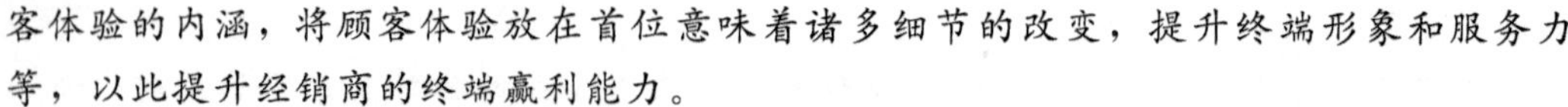

客体验的内涵，将顾客体验放在首位意味着诸多细节的改变，提升终端形象和服务力等，以此提升经销商的终端赢利能力。

企业最核心的竞争力体现在终端，2013年，喜临门对终端形象进行了升级。在此过程中，喜临门重新梳理了产品线，进行了全面的更新换代，将老产品全部淘汰，这个力度在喜临门的发展历程中可谓前所未有。

由于床垫产品的特殊性，消费者通过外观难以对产品进行直观的判断，而常规的体验则是在床上躺一下，解决不了消费者对产品品质的疑虑，最重要的是，消费者缺乏对产品直观的体验。为此，喜临门精心设计了功能展示型道具，有效提升了消费体验。2013年年底，喜临门引入大批演示道具，让消费者亲身感受和体验到产品卖点的功能。比如弹簧道具，消费者只需要把弹簧放上去就能感受到哪个床垫的弹簧比较好。让消费者更具体地了解到产品的单项功能。

通过终端品牌形象的升级以及卖点全覆盖的道具应用，可提升终端店的服务能力，为顾客持续创造新鲜感。时尚的店面形象可吸引人流，专业的服务则形成销量和口碑。喜临门正是靠着体验营销，使其每个终端店都拥有一批忠实的顾客，销量得以快速、持续地增长。

建立沟通机制，提升经销商运营能力

由于经销商本身的能力有限，区域市场也不尽相同，要让终端店快速实现赢利，首要任务是快速提升经销商的专业能力，以专业来应对市场的瞬息万变。喜临门不但给经销商营销上的扶持，而且通过培训学院来帮助他们提升终端导购能力。2013年，在导购方面，喜临门加强了人员队伍，新引进了专业的管理学院的负责人，而且配备了专门的市场督导。

针对不同区域市场的特点量身打造营销推广方案，从终端推广、促销、广告等方面入手，给予各区域经销商产品推广支持，使其能够快速发展。

通过这种常态的机制，经销商的终端运营能力得以逐年提升。2013年12月，喜临门在绍兴和他们的30强经销商进行了深入的交流和沟通，已经开始了2014年营销策略的谋划。

2013年年底，喜临门与美乐乐家居达成合作，在2014年供货8万张床垫；喜临门与宜华木业、华日家具举行战略合作签约仪式……强势出击的喜临门，规划未来几年以每年新增100～200家左右的速度门店，力争到2015年达到1500家门店的规模。

巨大的三、四线空白市场，将给予喜临门新的战略机会，而丰富的经销商管理经验，将有助于喜临门的渠道下沉，同时喜临门与红星美凯龙、居然之家等大型连锁家具卖场建立长期的战略合作关系，保障了其自营或加盟门店的稀缺商位，增强了喜临门对销售终端的控制力。喜临门对百亿规模的期许，让人们对其未来寄予厚望。

资料来源：http://www.cmmo.cn/article－173843－1.html，2014-03-04。

思考题

1. 案例中，喜临门采取了O2O的模式，根据喜临门的渠道建设，你认为什么是O2O模式？其优点有哪些？

2. 根据以上案例，请把喜临门所采取的渠道模式勾画出来，并分析其利与弊。

3. 根据本案例，提出传统家居业的渠道建设新模式。

【案例分析三】

特步供应链高效运营与精细化管理

特步成立伊始，烽火鞋、娱乐营销、体育营销、央视广告加强势地方媒体、重大事件营销、全国跑马圈地攻城掠地……创造了珍格格体育用品行业一个又一个的奇迹，短短几年时间，其业绩实现数百倍的增长，成为体育用品行业成长最快的品牌之一，特步亦得以在香港成功上市。上市之后在继续跑马圈地的同时，特步开始启动精细化管理和一系列变革：五年战略规划、消费者与市场调研、品牌规划、三位一体、快速供应链管理、ERP、神秘顾客调研、VIP体系、一选会/二选会/订货会模式持续创新、建立并完善计划体系、对公司一级和二级核心业务流程及职责分工与智能协同作战进行模拟与持续改善、供应商优化、总体运用成本管理办法的发布与持续推进、现货/翻单业务的推进、电子商务业务的启动、全面预算管理、组织架构重组变革为更高效协同的商品系统、供应链系统、品牌与销售系统三大业务系统、职能融入业务……为什么特步会实施这些大的变革?

1. 变革动因分析：消费者需求和市场变化

这是一个市场开放自由竞争、信息传播趋于快速透明的时代；是一个基于时间的竞争、快鱼吃慢鱼、变革创新成为主旋律的十倍速时代；是一个高库存、高脱销并存的时代；一个销售量增长、销售额徘徊不前甚至下降、库存增加、利润剧减的微利时代；是一个由注重功能属性正逐渐过渡到更注重社会属性、体验属性的品牌时代；是一个由单个企业之间的竞争转向供应链与供应链之间竞争、供应商内需要高度动态合作的时代……总之，这是一个不断由卖方市场向买方市场转换的时代，是一个不得不“随需而动”的时代。

2. 以消费者为核心的品牌驱动的精益敏捷供应链

特步针对鞋服企业实际运行中存在的问题——高库存和高脱销并存的问题，启动并将持续推进以消费者为核心的品牌驱动的精益敏捷供应链，对其从流程和体系上进行改进。在产品开发前通过消费者和市场调研、内部研讨等多种途径进一步明确品牌定位，根据历史销售/库存等数据进行多维分析，分析畅销款的款式、面料等特征，进行系统商品企划(面料、大类、颜色、上市波段等)；产品开发阶段，根据商品企划案结合往年畅销款、流行趋势等进行产品开发和整合，注重一料多款，注重款之间的呼应和搭配；下单阶段，组建跨职能的商务团队进行定性和定量销售预测，根据款式评级和自身网络结构、面料用量等综合决定下单量；采购生产环节，减少首次下单批量，科学备料，预留产能，为翻单做准备；产品配送环节，加大配送频率；预留部分产品以加速补货；加强数据分析及时补/调/退；在相关城市设立中心店并辐射周围设立卫星店以更快、以更低的成本补货；销售反馈环节：标准化系列搭配陈列；及时反馈信息，后台综合分析后快速做出加单(可大幅度减少脱销的比率)、货品调配、促销等决策；如果滞销则要进行转场、重新组合搭配、及时季中促销等，并分析造成滞销的原因避免将来再出现类似情形；要根据销售反馈逆向调整产品配送、采购生产、销售预测、产品开发、商品企划、品牌定位等供应链上各环节。总之，一切要始于品牌目标客户，终于品牌目标客户。在这个过程中需要把整个供应链体系进行裁剪一分为二即精益供应链应对需要快速反应的现货、翻单、赞助等业务，最终实现以销定产、产销

平衡、以产促销。当供应链体系能快速应对市场需求和变化，能促进销售和品牌提升时，供应链的运营能力就演变为企业强大的新的核心竞争力了。

3. 环环相扣：精益敏捷供应链高效运营与精细化管理

供应链管理(SCM)是借助信息技术和管理技术对供应链上各相关企业、组织和部门之间的物流、资金流和信息流进行规划、控制、协调和平衡，对供应链上的业务伙伴的业务流程相互集成，从而有效地管理从原材料采购、产品制造、分销，到交付给最终用户的全过程，在提高客户满意度的同时，降低整个系统的成本、提高各企业的效益。同时品牌企业内部有从战略规划→品牌规划→商品企划→设计→开发→采购→生产→仓储→运输→渠道→客户的内部供应链。当前的竞争不再是企业与企业之间的竞争，更是供应链与供应链之间的竞争，是综合的、全方位的、系统的竞争！思路决定出路，态度决定高度，高度决定深度，定位决定地位，想法决定活法，格局决定结局，我们必须有更大的视野、胸怀和格局，“全球视野、全球市场、全球货源、全球智慧”！我们将不断整合与创新，不求所有，但求所用！

资料来源：肖利华：《信息与电脑》，2012 年第 10 期。

三、实训项目

1. 实训任务

(1)对校园内的超市与食堂进行分销渠道分析，分析各有何不同。

(2)对学校所在地的批发市场进行分销渠道分析，分析其渠道结构有何特点。

2. 实训要求

(1)分析分销渠道模式的特点。

(2)给小组设计的产品制定分销渠道，并提出渠道管理建议。

3. 实训评价

工作任务	技术技能要求	分项评语
团队分工合作	要求积极参与，尽其所长、各负其责，既有分工，又要注重与人合作。	
商讨方案	要求组织成员集思广益、充分交流沟通，各自提出分销渠道设计的方案，小组成员充分讨论。	
信息交流	采用各种文字编排的书面形式，以及示意图、略图或图像等方式，说明渠道设计的方案，并说明设计的思路。	
自我学习	重点保证并采取有利于实现目标的行动，积极地寻求和利用有关方面的反馈和配合，以实现目标。为按时完成任务果断处理面临的任何困难。	

续表

工作任务	技术技能要求	分项评语
创新能力	客观分析事物发展与需求之间的矛盾关系，提出独特的改进事物的创新点和意见，充分利用创新需要的信息和资源。	
解决问题	对创新方法及其结果做出客观的评估或检查的结论，并预测创新的风险和效果。针对面临的问题，采取合适的措施，调整工作方案，并促进问题的解决。	

4. 自我总结

5. 教师评价

任务八　促销策略

一、相关理论知识

(一)促销与促销组合

1. 促销的含义

促销(也称促进销售)是指以人员的或非人员的方式，协助或促使可能的顾客购买某项商品或服务，也就是说，促销是企业借助宣传、推广的方式，将商品或服务的信息传递给消费者，帮助消费者认识该商品或服务的性能、特征及带来的利益，进而引起注意，激发起购买欲望和购买兴趣，最后实现其购买行为的一种手段。

促销方式主要包括人员推销、广告、营业推广和公共关系四个方面。由于它们具有不同的特点，需要在实际促销活动中组合运用。各种不同的促销方式组合形成不同的促销策略，作用各不相同。

促销具有以下三层含义：

(1)促销工作的实质与核心是沟通信息；

(2)促销的目的是诱发消费者产生购买欲望，刺激需求；

(3)促销的基本方式分为人员促销和非人员促销两类。

2. 沟通过程

沟通是通过与他人共享概念、信息或感受来影响他人态度和行为的一种过程。促销的过程首先是企业与中间商、企业与顾客之间的信息传播与交流过程，即沟通过程。

沟通过程是沟通者将信息发送给接收者的途径。它包括沟通者或者说是信息发送者、编码、信息、媒体、解码、信息接收者、反应、反馈等要素。

沟通者(也称信息发送者)：是指发出信息的一方，也称信息来源。

编码：是指将思想变成接收者所能接受的符号形式的过程。

信息：是指沟通者所传达的一组符号。

媒体：是指信息从沟通者移向接受者所通过的渠道(或载体)。

解码：是指接受者将沟通者传来的符号给予一定意义的过程。

接收者：是指(主动或被动地)接收另一方信息者。也称被影响者，视、听众。

反应：是指接收者回传给沟通者其接收反应中的某部分。

反馈：是指接收者的反应中传回给发送者的那部分。

噪声(干扰)：是指在沟通过程中未料到的障碍或扭曲造成的接收者收到的信息有别于沟通者所传送出的意思。

3. 促销的作用

(1)传递信息，指导消费；

(2)突出特点，刺激需求；

(3)形成定势，稳定销售；

(4)塑造形象，创造价值。

4. 促销组合

(1)促销组合的概念

所谓促销组合，是一种组织促销活动的策略思路，主张企业运用广告、人员推销、公关宣传、营业推广四种基本促销方式组合成一个策略系统，使企业的全部促销活动互相配合、协调一致，最大限度地发挥整体效果，从而顺利实现企业目标。

(2)促销组合策略的类型

①推式策略。推式策略是指用人员推销手段，把产品推进到目标市场的一种策略。即生产者采取积极措施把产品推销给批发商，批发商采取积极措施把产品推销给零售商，零售商再采取积极措施把产品推销给消费者。

②拉式策略。拉式策略是指企业用非人员促销方式，特别是用广告宣传的方式，刺激消费者的需求和购买欲望的策略。即企业通过刺激最终消费者对产品的兴趣和需求，使得他们向零售商要求购买这一产品，零售商就会向批发商要求购买该产品，批发商又会向生产者要求购买该产品。

(3)制定促销组合策略应考虑的因素

①促销目标。促销目标是影响促销组合决策的首要因素。每种促销工具——广告、人员推销、销售促进和人员推广，都有各自独有的特性和成本。

②市场特点。除了考虑促销目标外，市场特点也是影响促销组合决策的重要因素。

③产品性质。由于产品性质的不同，消费者及用户具有不同的购买行为和购买习惯，因而企业所采取的促销组合也会有所差异。

④产品生命周期。在产品生命周期的不同阶段，促销工作具有不同效益。

⑤预算因素。企业开展促销活动，必然要支付一定的费用。费用是企业经营十分关心的问题，并且企业能够用于促销活动的费用总是有限的。

⑥其他营销因素。影响促销组合的因素是复杂的，除上述五种因素外，本公司的营销风格、销售人员素质、整体发展战略、社会和竞争环境等不同程度地影响着促销组合的决策。

(二)人员推销

1. 人员推销的含义及特点

人员推销主要指推销人员以推销商品为目的直接向中间商或消费者进行宣传、说服的促销方式，它是一种双向沟通的直接推销方法。人员推销的特点主要表现在以下几方面：

(1)人员推销的针对性强；

(2)人员推销具有很大的灵活性；

(3)人员推销有利于加强服务；

(4)人员推销可以满足多样的需求；

(5)人员推销有利于信息反馈；

(6)人员推销的成本相对较高。

2. 推销人员的作用与素质

(1)推销人员的作用

现代推销人员的作用已不仅仅局限于单纯的商品销售，他们的地位日益重要，作用也日益广泛。主要表现在以下几个方面：探寻、沟通、销售、服务、调研、分配等。

(2)推销人员的素质

人员推销是推销人员代表企业去销售产品，推销人员的素质高低直接关系到推销的绩效，影响到企业营销目标的实现。因此，企业应该注意提高推销人员的素质。一般来说，一个良好的推销员应具备以下素质：具有强烈的事业心、丰富的业务知识、良好的个性和风度、良好的服务态度、健康的身体。

3. 人员推销的基本形式

随着商品经济的发展，市场营销活动的广泛开展，人员推销的形式也日益丰富。其中上门推销、柜台推销和会议推销三种主要形式，为大多数企业所采用。

(1)上门推销

上门推销就是由推销人员携带商品的样品或图片、说明书、订货单等走访既定的目标顾客，并向目标客户推销企业的产品。上门推销有两个主要特点：推销员向顾客靠拢，推销人员和顾客之间加强了情感联系。

(2)柜台推销

柜台推销就是商店的营业员向光顾该店的顾客销售商品，这是一种非常普遍的推销形式。在这里，营业员也就是推销人员，其职能是与顾客直接接触，面对面交谈，介绍商品，解答疑问，做成生意。柜台推销也有两个主要特点：顾客向推销人员靠拢、便于顾客挑选和比较。

(3)会议推销

会议推销是指利用各种会议形式，如展销会、洽谈会、交易会、订货会、供货会等形式宣传和介绍商品，开展销售活动。会议推销主要有以下两个特点：推销员群体向顾客靠拢，推销集中、成交额大。

4. 人员推销的步骤

人员推销的步骤大致可分为：寻找潜在顾客、访问准备、接近顾客、洽谈沟通、应付异议、达成交易、事后跟踪等七个步骤。

5. 人员推销的基本策略

(1)试探性策略

即“刺激—反应”策略。这是推销人员对顾客了解不够充分的情况下采取的。推销人员可充分利用双方沟通的有利条件，了解顾客，根据其反应，进行刺激、诱导，以期敦促顾客购买行为的实现。

(2)针对性策略

即“配方—成效”策略。推销人员在已基本掌握了顾客的需求状况、购买意图时，有针对性地积极推销，以引起顾客兴趣，投其所好，实现交易。

(3)诱导性策略

即“诱发—满足”策略。推销人员通过运用能激起顾客某种欲望的说服方法，诱导顾客采取购买行为。

(三)广告宣传

1. 广告的含义及其作用

(1)广告的含义

广义的广告包括经济广告与非经济广告。经济广告又称商业广告，所登载的是有关促销商品或劳务的经济信息，这类广告主要是宣传企业、产品、劳务、观念等；非经济广告包括除了经济广告之外的各种广告，如布告、启事、声明等。狭义的广告则专指经济广告，这类广告所占的绝对比重较大。

广告的本质是传播，广告的灵魂是创意。

广告是以促进销售为目的，付出一定的费用，通过特定的媒体传播商品或劳务等有关经济信息的大众传播活动，这一概念包含以下几个要点。

①广告是一种收费使用媒介的宣传报道活动。

②广告的对象是广大消费者，是大众传播，不是人员推销的个人传播行为。

③广告是一种劝服性的信息传播活动。

④广告手段主要是通过广播、电视、报纸、杂志、网络、广告牌、海报等特定的媒体、形式来进行的，这也是广告区别于其他传播活动的一个重要标志。

⑤广告的目的是为了促进商品销售，进而获得较好的经济效益。

(2)广告的作用

①传递信息，刺激需求；②宣传产品，引导消费；③树立形象，提升品牌；④传播文化，丰富生活。

2. 广告的目的

(1)表现企业品牌、形象或企业的商品；

(2)影响消费者的意识；

(3)引导消费者的消费态度；

(4)引导消费者的消费行为；

(5)肯定消费者的购买行为。

3. 广告的分类

(1)按广告媒体分类可以分为：视听广告、印刷广告、户外广告、交通广告、网上广告等。

(2)按广告的内容分类可以分为：开拓性广告、竞争性广告、引导性广告、强化性广告、声势性广告等。

(3)按广告的范围分类可以分为：世界性广告、全国性广告、区域性广告、地方性广告等。

4. 广告内容设计原则

(1)概念明确

广告的最终目的都是推销商品，因此，广告内容中，对于要推销的东西要有明确的概念，要使广告的收受者一接触广告便清晰地知道他看到的或听到的是什么。

(2)印象深刻

一则成功的广告必须在短短数秒钟内给人以深刻的印象，才能使消费者深深地记住所收受的内容。要做到这一点，除了运用一些传播技巧外，独特的内容设计也是非常重要的。

(3)引起兴趣

好的广告一方面要避免“电子过滤”，使消费者能从头到尾看完、听完；另一方面，还要使消费者从无意注意转为自觉有意注意，从而使广告对消费者产生巨大影响。

(4)信息充足

广告的目的在于向可能的消费者介绍商品，并说服他们购买，因此广告在内容设计时又须尽可能地向消费者全面而准确地介绍商品。

(5)推动力强大

企业并不能强迫消费者来购买自己的商品或服务。因此只能利用各种营销手段来说服或吸引消费者，所以，一则好的广告，应该对消费者产生强大的推动力，使人在看了或听了广告之后产生强烈的购买欲望。

(四)公共关系

1. 公共关系的概念

市场营销学上的公共关系是指企业为了使社会广大公众对本企业商品有好感，在社会上树立企业声誉，选用各种手段，与其相关的各种内部、外部公众建立良好的关系的促销方式。公共关系是现代企业的一项十分重要的管理职能，任何企业都有公共关系状态存在。当企业有意识、自觉地采取措施按照一定的标准去改善自己与公众的关系时，就是在从事公共关系的活动。

2. 公共关系的构成要素

从公共关系的基本概念可以了解到，开展公共关系活动，必须具备三个要素：公共关系的主体——社会组织；公共关系的客体——与社会组织有关的公众；传播——联结社会组织与公众的中介。

3. 公共关系的特点

(1)公共关系本身是指企业和与它相关的社会公众之间的联系，个人之间的人际关系不属于公共关系的范畴。

(2)公共关系涉及的对象广泛。公共关系的对象除了企业现实的或潜在的顾客以外，还包括其他许多社会公众。

(3)公共关系工作的主动性强。一个企业建立开始，就处于一个复杂的社会关系网络之中，因此，其公共关系工作是经常性的工作。

(4)公共关系是一种信息沟通活动，它运用信息沟通的手段来协调组织与公众的关系。

(5)公共关系的目的主要是树立和保持企业及企业产品的信誉和形象，因此，企业的各项策略和措施要尽可能符合公众和社会利益，坦诚面对社会公众，以自身良好的行动作为与公众交流的基础，以获得社会公众的理解和支持。

4. 公共关系的作用

(1)建立和维护企业的良好信誉和形象；

(2)收集各种信息；

(3)提供咨询建议；

(4)建立企业与顾客的信息双向沟通；

(5)开展社会交往，协调与外界的关系；

(6)教育引导员工，协调内部关系，增强企业内在的凝聚力。

5. 公共关系的活动方式

(1)利用新闻媒介

新闻媒介一般指以报纸、杂志、广播和电视为主的新闻传播工具。新闻媒介面向社会，涉及范围广，影响大，能够支配社会舆论，引导公众意见，因而具有很强的说服力。

(2)赞助和支持各项公益活动。

(3)参加各种社会活动

企业通过举办新闻发布会、展销会、看样订货会、博览会等各种社会活动，向公众进行市场宣传，推荐产品，介绍知识，以获得公众的了解和支持，提高他们对企业产品的兴趣和信心。

(4)公关广告

公关广告即企业为形成具有积极意义的社会风气或宣传某种新观念而做的广告。

(5)印制宣传品

编辑介绍企业发展历史，宣传企业宗旨，介绍企业产品以及员工教育、企业经营现状及动态等内容的宣传品，也是企业传播信息、树立形象的重要途径。

(6)提供特种服务

企业的经营目的是在满足社会需要的基础上获得利润，因此，就应积极满足顾客的各种特殊需要，争取更大的长期利益。

(7)建立健全企业内部的公共关系制度。

6. 企业公共关系策略

(1)企业内部的公共关系策略

企业内部的公共关系活动，其目的在于加强企业内部团结，提高企业素质。企业内部团结主要是指全体职工团结、合作，形成健康的企业氛围。企业内部的公共关系活动应从两个方面入手，协助搞好企业与职工的关系，充分调动企业职工的积极性。

(2)企业外部的公共关系策略

企业面临不同的外部公众，有不同的外部公众关系。从营销企业来看，大致上有以下几种关系要处理。

①顾客关系策略。在市场经济条件下，顾客需求是营销企业一切活动的出发点，也是企业生存和发展的重要保障。因此，建立良好的顾客关系是营销企业公共关系工作的首要目标。

②经销商关系策略。企业产品销售除了设立门市部直接销售给消费者以外，更多的是通过经销商中间转手。经销商在把产品由企业向消费者传送过程中起着十分重要的作用。

③供应商关系策略。企业要维持生产和流通，必须依靠供应商供应原材料、零部件、工具、能源等各种商品，否则，企业就无法从事正常的生产和销售。

④社区关系策略。企业的社区关系，主要是指与企业相邻的周围工厂、机关、学校、医院、公益事业单位和居民等社会群体同企业之间的关系。

(五)营业推广

1. 营业推广的含义

营业推广又称销售促进，是指除人员推销、广告宣传、公共关系以外的，能有效激发消费者购买和提高促销效率的一切促销活动。它包括的范围较广，界限也不如广告、人员推销和公共关系清楚，是一种行之有效的辅助性促销措施。

2. 营业推广的策略

(1)针对消费者的策略

目的在于通过各种方式的诱导提高产品的知名度和鼓励消费者的购买。主要方式有以下几种。

①奖励。对购买特定商品的消费者给予一定的实物奖励。这种方式能刺激消费者立即购买。

②折价优惠。按商品的原价进行折扣以后再销售。这种方式使消费者在购买商品时直接得到利益。

③赠送样品。在消费者购买商品之前，免费赠送部分样品，以此来刺激消费者购买。

④抽奖。顾客在购买商品后，按一定金额领取一定数量的兑奖券，到时参加企业的抽奖活动，中奖者可领取奖金或实物。

⑤分期付款。顾客购买商品时先支付一部分货款，其余部分按期限分期支付。

⑥展销。展销有两种方式：一是专门召开产品展销会，展览销售产品，边展出边销售；另一种是在固定的产品推销柜台上展销，展出销售同时进行。

(2)针对中间商的营业推广

目的在于通过各种优惠条件，促进达成交易和提高效率。主要方式有以下四种。

①购货折扣。

②销售竞赛。通过竞赛活动，奖励经销本企业产品成绩优异的中间商。

③联合广告。生产者同大批量购买或长期经销本企业产品的中间商合作登广告，生产企业负担一定的甚至全部的广告费用。

④提供服务。企业提供免费咨询服务，帮助中间商培训销售人员等。

(3)针对推销人员的营业推广

目的在于通过各种激励办法调动推销人员的积极性。其主要方式有以下两种。

①利润提成。按利润多少提成，销售多利润多提成就多，以此鼓励推销人员大力推销产品。

②推销竞赛。就是在推销人员之间开展销售竞赛，对成绩优异者给予奖励，以此调动他们的积极性。

二、案例分析

【案例分析一】

"11·11"购物促销节

2012年10月，卡玛服装店老板樊新科开始为"双11"狂欢节进行准备，这个2001年开始在线下运营的服装品牌于今年4月开始了线上运营，为了提升人们对卡玛网店的认知度，他决心加入此次大促销。

VOA女装店老板余立献的决心下得晚一点，这家连续三年获得淘宝客单价第一的店铺，以貂皮大衣、真丝服装等高端产品为主打，它显著区别其他淘宝店家的地方之一就是从来不打折扣，这被认为会损害其顾客对品牌的认知。"前两年我都没有参加"，但是这一次，余立献在11月初备了原价值3000万元的货，开始筹备"双11"。

从2009年流行在年轻人之间的"光棍节"，到2012年以淘宝为主力、各大平台和数万商家参与的"11·11购物狂欢节"，"双11"开始成为电商时代举足轻重的节日，横空出世背后，"11·11购物狂欢节"的造节逻辑和步骤如何？

试错实验的成功案例

"11·11购物狂欢节"的出现，是试错实验的成功案例。

"我们当时希望能够在国庆和圣诞两个传统促销季之间，找一个空当"，淘宝公关颜乔告诉《成功营销》记者，"电商应该有自己的节日。"

这一决定开始在2009年，当时淘宝B2C战略正式启动，淘宝商城(天猫商城前身)开始运营，淘宝决心发动一次以淘宝商城为主题的促销活动，来提升人们对淘宝商城主打知名品牌的定位认知。

作为以服装鞋帽为主要支撑的淘宝网，10月到12月之间可以说是黄金时间，因为这个时间段的冬装销售几乎能占据全年服装销售的一半左右，但传统的黄金周和圣诞节两大促销季，并不是电商的促销佳节，彼时线下零售商打折力度并不比线上小，每年此时商城的交易量会明显萎缩。"双11"作为两大促销季之间的空白节点，能够拦截流量，提前释放消费者线下冬装的消费力，是淘宝选择做促销的上佳时机。

这次促销只是小试牛刀，一共有27位商家参与促销活动，单淘宝商城就达成了约5000万元的日交易额。而到了第二年，"双11"的迅猛发展势头开始获得关注。

2010年之前，淘宝网的主要销售高峰仍然和线下传统促销节挂钩：2008年，淘宝网的单日销售额峰值出现在2009年元旦前夕，为4亿元；2009年的单日峰值上升到6.26亿元，在国庆中秋黄金周后第一天；当时间到了2010年，"双11"就以单日全网成交额19.5亿元，睥睨淘宝网其他节日促销。

2011年，"11·11·11"的组合被誉为"世纪光棍节"，节前大规模的广告投放以及全网52亿元的交易额让"双11"正式成为业内皆认可的网购节日。"世纪光棍节(2011年11月11日)是一个重要转折点，阿里巴巴集团成功利用了世纪光棍节这个特殊时机，助推了'购物节'的影响力。"复旦大学管理学院市场营销系副教授张喆如是说。

然而，直到2012年，淘宝以"节日品牌化"的理念运作"双11"的手法才开始真正成熟。

节日品牌化

2012年10月14日，距“双11”还有将近一个月的时间，天猫举行了商家沟通会，会上天猫总裁张勇强调了“打造消费者狂欢节，而不仅仅是打折卖货”的“双11”定位，以“购物狂欢节”取代先前“促销节”的提法。

早在今年年初淘宝商城改名天猫时，张勇就指出天猫的目标是“成为网购世界的第五大街、香榭丽舍大道”，显然是希望能凭借天猫来修正之前的“低端”“山寨”形象，更进一步争食线下零售份额，“双11”定位的改变原因应该如出一辙。

从8月，天猫内部开始着手准备“双11”。除了对技术、物流、支付这三大主要环节参与方进行能力升级和协调外，如何对将“11·11狂欢节”的信息传递出去，并为“狂欢节”的数万商家吸引来足够的人流，天猫的步骤相比前几年已经颇具体系。

线上投放上，天猫选择的是央视和湖南卫视，以及主流门户和视频网站，如新浪、腾讯、优酷。而线下，在地铁、公交站的户外灯箱及墙壁嵌入式广告宣传栏是另一个主要投放地。可以看出，覆盖面是其最主要指标，这次负责天猫“狂欢节”广告代理的DDB负责人表示，“之前‘双11’主打人群是一、二线城市的消费者，现在要扩大至全国消费者。”

而在线上，从11月1日到11日之间，一系列的预热、推广活动连续启动：从游戏抢红包、五折商品公布，到充值送红包、积分兑红包等，有节奏地将“11·11购物狂欢节”这个话题不断炒热。记者注意到，11月初，在微博等网络世界有着强大粉丝团体和舆论影响力的媒体账号，如《三联生活周刊》《虎嗅》等都发起了转发微博获得天猫“11·11购物狂欢节红包”的活动，据透露，单单红包一项，淘宝就投入了1.1亿元。

“淘宝此次广告投放上的花费约在1亿～2亿元，加上现金红包的1亿，总共此次营销投入在2亿～3亿元之间”，上海万擎商务咨询有限公司CEO、电子商务观察员鲁振旺告诉《成功营销》记者。

有意思的是，在这次“双11”宣传大战中，参战的商家起了不容小觑的推动之力，这些商家一般都有着自己的CRM系统和数据，节前促销短信已经成为常规的互动方式，从11月初开始，余立献和樊新科都开始针对自己积累的几万会员发送了促销信息。

“我们选择了线上4月运营以来积累的3万名会员，以及线下会员中近两、三年内没有消费我们产品的人群进行了推广，从11月1日到10日，向他们发送有针对性的优惠券、产品收藏信息等”，樊新科告诉记者，他们就是通过这些前期的预热，吸引用户进行产品收藏来决定促销当天主推的“爆款”。

狂欢过后

猛火煮，慢火温。“11·11狂欢节”一天能给一般商家带来相当于数个月的销售额，但是这种脉冲式的销售潜藏着很多风险，许多商家需要为这一天而在IT系统、仓储等方面进行不小的投入，这种“猛火式”销售对于参战商家，利弊得失如何衡量？

在“双11”当天，卡玛单日销售额冲到了401万元，而在他刚开网店的4月，全月销售额不过18万元，“不仅仅是销量数字”，樊新科告诉记者，自己品牌这几天在淘宝网站内的搜索数量明显提升了。

“这是个很划算的事情，尤其是考虑到新客户获取成本后，一般来说，在电商平台上一个用户从看到广告到产生购买这个CPA的价格在150元左右，如果获得5万新客户，需要750万元的投入”，樊新科未曾透露具体的广告投放和促销投入，但是他称“比起这个数字来，这次活动的投入就划算得多”。

《第一财经日报》也曾就参战效果采访了东菱，“尽管‘双11’的售价低于平时，像东菱一款面包机卖338元，约为平常价418元的八折，利润率低于平常，但由于销量井喷，单日的利润额远高于平常，‘双11’是微利。”东菱电子商务中心总监夏华辉说，“‘双11’销量集中爆发，一天的销量顶一个月，但投入怎么也没有平常一个月投入那么大。”

对余立献来说，参加类似“双11”的活动对品牌有着很大的风险，因为定位在高端，单品价格很高，打折让利一方面会损害老顾客的利益，同时损害品牌高端的认知，但是此次仍然决定参与大促，是为了网内的搜索排名。“不得不做，我们要冲销量，这样才能提升网站内搜索排名。”不过虽然在今年的“双11”破例参加了活动，余立献还是对促销的力度和人群进行了谨慎的控制。

“我们每件打折款只有一件，卖完即止，而且也专门做了针对活动的限量款”，在发促销信息的预热之后，VOA的促销款在“双11”当天之前就已经都被选中放入购物车中了，活动当天“只是付款”，当天VOA达成了1000万元的销售额，而平日它的单日销售额在10万元左右。

“下一年还有‘双11’，我们还是要做的”，樊新科表示。

然而像卡玛和VOA这种“双11”中获益的商家只是一万商家中的一部分，“这种‘脉冲式’促销结果是几家欢喜几家愁，欢喜的是那些知名度更高的传统品牌和大的淘宝品牌，而品牌上弱势的传统品牌和淘宝品牌却成为受害者。”鲁振旺告诉记者，由于参与促销的商家必须在备货上达到天猫的标准，因而很多中小品牌也都备足了货，但是在“双11”这种紧凑的一天促销中，只有部分知名度高的商家大获其利，很多中小商家业绩不理想，在大量备货之后面临库存积压问题。

这种两极分化的现象被中粮集团电商总监周颖证实：“拿中粮来说，我们“双11”当天销售额714万元，平时中粮在天猫和淘宝开了5个店，这5个店一天正常销售额是7万元，“双11”我们的销量增加了100倍。但是问一个小的商家，他的销量增长是多少？我相信增长幅度撑死了可能也就是十倍。这意味着一轮“双11”下来大的品牌和小的品牌会有一定的差距，这就是电商格局的塑形剂。”

“这并非健康的营销方式，如此下去，传统品牌逐渐会将电商定位为理想的清库存渠道，而淘宝品牌生存空间却受到这些传统品牌的挤压，如果将一天紧锣密鼓的促销延长至一个星期，效果就能够好很多，更多的参与商家会得到实际的利益。”鲁振旺提醒道。

资料来源：《成功营销》，2012年第12期。

思考题

1. 在本案例中，淘宝网是如何确立“双11”节日品牌、实施营销活动的？
2. 请用本章所学的知识来分析淘宝网的“双11”促销策略。

【案例分析二】

可口可乐迷你装：小瓶中的大策略

进入2012年，一款全新包装的可口可乐闪亮登场，这便是其全新推出的300ml迷你装产品。这款小包装产品的推出，绝非更换包装这么简单，其背后有着更深层次的市场考量和竞争战略。

“迷你装”的全方位剖析

事实上，可口可乐在营销上称得上十分“老辣”，其推出迷你装是基于市场和竞争的全面考量。

第一，迷你装是总体战略和产品创新的必然要求。近年来，可口可乐公司虽然不断尝试新产品的研发和推广，但除了美汁源、果粒奶优等为数不多的成功者外，大多数产品乏善可陈，一如零度可乐、原叶茶、酷乐仕等。从业务构成上看，碳酸饮料品类依然是可口可乐的重中之重，如何进一步提高可口可乐、雪碧和芬达等品牌的销量是可口可乐长期不变的命题。由于配方不能大幅度更改，可口可乐的产品创新更多要从形式产品和附加产品来着手。

第二，从消费者对碳酸饮料的认知来看。消费者对可口可乐和雪碧非常熟悉，换个角度来讲，也有些审美疲劳。因此，仅依靠常规营销和推广模式，很难对消费者形成刺激。与此同时，碳酸饮料有损健康的报道不时见诸各大媒体，并在消费者中形成了一定的共识。面对这样的不利局面，可口可乐更需要用新元素来刷新自己的形象。

第三，从竞争层面看。可口可乐公司面临巨大的竞争压力。2011 年 11 月初，百事中国与康师傅启动了股权置换——百事可乐在内地 24 家瓶装厂的所有股权置换成康师傅饮品 5%的股权，百事可乐产品在中国大陆由康师傅负责运营。2010 年，可口可乐、康师傅、百事可乐分别位于内地软饮料市场第一、第二和第四位，康师傅和百事可乐合作后，两者的市场份额之和达到 19.9%，将超过可口可乐的 16.8%。借助此次合作，百事可乐可以利用康师傅庞大的销售通路下沉到三、四线乃至乡村级市场，而这正是可口可乐的短板。

第四，从包装本身来看。迷你装推出之前，可口可乐的包装形式多年来没有变化，即售价 1.5 元的 200mL 玻璃瓶装、2.5 元的 330mL 易拉罐装、3 元的 500mL 塑料瓶装（有三年左右时间调整为 600mL，现又重新调回 500mL）、1.25～2L 的家庭装等。然而这些包装形式未必能够完全适应消费者的需要。玻璃瓶装和易拉罐装不适合在运动中饮用，前者瓶子要收回，后者打开后不易携带，这样 500mL 成了非固定场所饮用的起步容量。事实上很多消费者短时间内饮用量并不大，而 500mL 产品打开瓶盖后短时间不能喝完会使气量变少，口感变差，因此，更小容量，且便于携带的产品有着巨大的潜在需求。

第五，运作成本和市场风险较低。新包装产品相比全新产品而言，市场操作相对容易，风险较小，成本较低。新包装产品即使失败也不会产生大的负面影响。

基于以上分析，可口可乐推出了“迷你装”。对可口可乐这样的成熟品牌来说，更换包装是一件非常严肃的事情。对此，可口可乐以非常审慎的态度来进行调研和试销，早在一年前，这款产品已经在上海等 9 地进行过试销，得到消费者正面反馈之后才在 2012 年在全国推广，此后，新包装在产品线方面也延展到了雪碧和芬达。

可口可乐推出 300mL 塑料瓶迷你装产品，其目的在于实现三大市场目标。

第一，满足消费者的个性化需要。迷你装方便携带，填补了现有包装形式上的空白，适应现代人快节奏的生活状态，容量较好契合了消费者的饮用量，满足了他们的个性化需要。同时，新包装给消费者全新的感官刺激，诱使其进行尝试性消费。

第二，降低价格门槛。可口可乐迷你装定价 2 元，较低的价格可以吸引更多消费者并提升其购买频率。

第三，提升品牌形象。随着现代社会生活节奏的加快。简、便、快、小的产品，更容易被受众接受和喜欢，微博、微型轿车的流行便是明证。可口可乐迷你装迎合了年轻受众的心理及行为特点，为可口可乐时尚的品牌个性增彩添色。

代言人选择：锁定“潜力股”

产品推出之后，“高空造势”成为必不可少的营销手段。在中国市场，姚明、刘翔、滕海滨、章子怡、葛优、王力宏等一线体育与娱乐明星，先后成为其代言人，这一次可口可乐选择了孙杨，却多少有些出人意料。相比上述明星，孙杨目前的知名度并不算高，特别是对体育关注度较低的女性受众而言。然而，可口可乐选择的孙杨却是名副其实的“潜力股”。在伦敦奥运会游泳项目的前奏——上海游泳世锦赛上，孙杨获得了 2 金 1 银 1 铜的成绩，特别是打破了沉寂长达 10 年之久的 1500 米自由泳世界纪录——游泳界保持时间最长的纪录。这些已经证明了他的实力。我们完全有理由对他在伦敦奥运会上的表现充满期待。

事实证明，可口可乐在代言人的选择上历来颇具眼光。2004 年雅典奥运会前夕，可口可乐将当时尚属“小人物”的刘翔收至麾下。结果，刘翔以出色的表现吸引了全世界的目光，可口可乐也赚了个盆满钵满。前瞻性的眼光让可口可乐在代言费用支出、合作中的力量博弈和系统的整合推广等层面占尽优势，稀缺性资源的占有也让竞争对手深陷被动。

同时，选择孙杨，再次证明了可口可乐对体育营销的偏爱。自国际奥委会在 1988 年汉城奥运会推出 TOP 赞助计划以来，可口可乐已经连续 7 届成为奥运会的 TOP 赞助商(保持这一纪录的仅有可口可乐、松下和 VISA 三家)。如果孙杨成为首位中国男子游泳奥运冠军，其将进一步提升可口可乐在国内市场的影响力。

多元化立体传播

随着媒体趋于多元化和碎片化，传统的品牌信息的传播方式日益受到挑战。整合多种媒体资源，采用营销“组合拳”的效果更好。从这个层面考察，可口可乐对其迷你装的传播相当到位。

1. 电视广告：争夺“制空权”

像许多一流企业一样，可口可乐的整合传播的主角依然是“空军”——电视广告打头阵。为了配合迷你装，可口可乐拍摄了一段时长 30 秒，名为《征途篇》的广告。在片中，孙杨先是和朋友一起休闲玩乐，然后开始训练和参加比赛，他的旅程遍布全国各地，最终直达伦敦奥运会场。一路上，他都带着可口可乐迷你装，充分展示了产品的便携性。

可口可乐拍摄的广告中洋溢着孙杨的阳光帅气和奥运的活力激情，该片在细节的处理上也十分巧妙自然。比如，迷你装随时出现在孙杨的裤子口袋和上衣口袋中，恰如其分地表达了迷你装“随身随你行”的产品理念。又如，带着迷你装的孙杨面对记者的围堵，登上北京最常见的出租车——现代伊兰特后，转眼间从伦敦特有的“黑色出租车”下来，这不啻为向受众暗示：迷你装将伴随孙杨征战伦敦奥运会。

2. 全国上市会

经过一个月的广告投放，消费者对迷你装建立了初步认知，大多数终端铺货也基本到位，这恰是广而告之的良机。于是，可口可乐将新品发布会选在了 3 月 14 日，这一天是“白色情人节”，在这一天推出新产品，就像馈赠礼物，能够获得更高的关注度。

3. 跨界营销：携手宝马 MINI

迷你装新品发布会有一个焦点：可口可乐携手宝马，推出了为迷你装量身打造的“CocaCola×MINI”改装车——“可口可乐迷你快乐能量车”。通过该车，宝马所崇尚的“自在，灵动”的品牌精神，与可口可乐迷你装“自在，轻便”的特质完美契合，能为人们带来双重的快乐与惊喜。为了将两大品牌共性和谐呈现，可口可乐邀请来自澳大利亚的著名改装团队操刀。该跨界车的设计以“轻松入袋”为灵感，车尾有口袋式迷你赠饮装置，当你来到车尾，无需触摸任何按钮，一瓶可口可乐迷你装就能自动滑落到车尾的牛仔裤口袋中。带着新品发布会上的“余热”，该车还将在全国各地“巡演”。为了更好地传播两个 MINI 的“浪漫情缘”，可口可乐特别制作了视频短片。在这个片长 90 秒，名为“MINI×MINI”短片中，观众首先看到在巨大场地上的一个年轻人形象。此后，四位赛车手驾驶可口可乐版 MINI 车在场地上不停地进行“漂移”，如果俯视，经过特别喷绘的车就像一瓶可口可乐。车手时而将“可口可乐”漂移至“年轻人”的口袋，时而漂移至手中。整个视频既刺激又有趣，依靠极具吸引力的看点，视频短片在网络上得到广泛传播。

一款饮料，一款车，让原本毫不相干的两个元素以“MINI”的特质走到一起，相互渗透，相互融合，从而给品牌一种立体感、高档感和时尚感。这样的“天合之作”带来了“乘数效应”般的营销效果。

4. 网络传播：锁定年轻消费者

可口可乐的核心目标消费群是年轻群体，他们最喜欢的媒体是互联网。为此，可口可乐除推出常规的“网络 Banner”广告和网络视频广告外，还展开了搜索营销。只要你在百度搜索中输入“可口可乐”“孙杨”“迷你装”等关键词，新包装的文字或视频简介立即映入你的眼帘。借助网络，可口可乐实现了全方位、全时段传播。

5. 地面跟进：终端推广

新产品的运作，既要“上天”，也要“下地”。终端推广是市场销售的最后一环，甚至也是最重要的一环。对可口可乐来说，如何在短时间内让迷你装到达消费者手中是其营销的关键环节。为了形成新的消费风潮，可口可乐采取了多样化的策略。比如在长沙，可口可乐与本地颇有影响的城市生活杂志《晨报周刊》进行合作——凡在 2012 年 3 月 21 日购买该杂志的读者均可获得可口可乐迷你装一瓶。该杂志的读者群以 18～35 岁的年轻人为主，具有较高的消费能力和文化水平，注重生活品质和消费品位，堪称这个城市的意见领袖。可口可乐的本次赠饮活动意在通过他们去影响更多的人。

从创新的产品形式、到前瞻性代言人选择、再到系统的整合营销传播，可口可乐的小瓶里“装着”不少深思熟虑的大策略。随着伦敦奥运会的临近，拥有 TOP 赞助商身份和未来之星孙杨、刘翔等代言人的可口可乐和其迷你装会渐入佳境，好戏才刚刚开始。

资料来源：文艳霞：《可口可乐迷你装——小瓶中的大策略》，《销售与市场》，2012 年第 6 期。

思考题

1. 可口可乐迷你装采用了哪种品牌信息传播方式？
2. 可口可乐迷你装的促销方式的应用对你有何启发？

三、实训项目

1. 实训任务

(1)正确运用促销的方法，为小组设计的产品设计促销方案；

(2)为小组设计的产品设计一个主题活动方案。

2. 实训要求

(1)针对小组设计的产品，制作一段时长1分钟的视频广告；

(2)为小组设计的产品，结合本地区的特点，制定一个完整的、可行的促销方案。

3. 实训评价

工作任务	技术技能要求	分项评语
分工合作	要求积极参与，献计献策、各尽所长、各负其责，既有分工，又有合作，完成工作任务。	
商讨方案	小组成员各抒己见，集思广益，对各自的促销方案进行充分的商讨，并形成一致意见。	
方案制作	通过起草、修改和重新改写促销方案，清楚地表达主题思想，且文稿的层次清晰、逻辑概念清楚、语句通顺、用词规范、标点恰当、书写工整、版面编排符合要求。	
自我学习	提出自己的观点并听取他人的意见，以进一步促进工作能力提升，包括工作质量、学习方法，以及职业发展。	
创新能力	总结自己或他人的经验，调整自己的创新方法，并指导他人的创新活动。在原有创新的基础上提出进一步创新和改进的方法。	
解决问题	实施计划(利用专业知识，确定利用的资源并维持其连续性，保持进度和与他人的联系)，从有关人员(专家、主管上级和影响这个问题解决的其他人员)那里获得信息和反馈，最终解决问题。	

4. 自我总结

5. 教师评价

任务九　综合训练

【案例阅读与思考一】

《开心农场》走向何方

每次产品上线，对郜韶飞来说都是一次成长。“之前我们花费很多心血去想：为什么这么做玩家会喜欢？游戏上线后就可以通过数据验证当初的设想是高了还是低了？当你的定位找得越来越准的时候，出手就可以更准确，否则就容易出现准备不足的情况。”这位五分钟创始人兼CEO说。

聊起以往的经典之作，郜韶飞坦言：“当初没想到《开心农场》会那么牛，后来却又对《开心农场2》的期望值过高，中间的心理落差很大，再后来对《小小战争》的心理预期就找得比较准。”尽管《开心农场》收入指标降得比较早，但用户规模依然蛮大，尤其在腾讯平台上，生命周期已经达到两年，这个出乎郜韶飞意料。

尽管从商业运作成熟度、收入规模、音效、美术、玩法持久性等方面来讲，《小小战争》《小小船长》已经成熟很多，但在郜韶飞看来，从社会效应方面来讲，《开心农场》很难被超越。“如果讲全方位超越，这个产品会再次创造一个妇孺皆知的社会热点，同时在商业上也能取得巨大的成功。单纯讲‘超越’这个词有点儿不恰当，因为在用户量上，你可能很难超越它。”

“你接受的第一个东西和后面再进来的东西永远都是有区别的。”郜韶飞拿电影《阿凡达》来做进一步解释：“后面的3D电影能够超越《阿凡达》的机会能有多少？因为这部电影已经成为标志性的东西。肯定会有一批从来不看电影的用户是因为社会效应去看《阿凡达》的，因为他会感觉自己不看就落后了。”

《开心农场》火了之后，五分钟团队又推出《开心农场2》，当时市面上出现一大批类似题材的社交游戏，他们称之为“类农场”产品，整个行业立马陷入一片红海，很多开发商参与进来。郜韶飞的观点是：好的题材和社会效应有时可遇而不可求。

“《开心农场》之所以成功跟当时根本没有好的社交游戏有关。《小小战争》能成功，跟当时全都是同质化的社交游戏有很大关系。你在合适的时间推出对的游戏才能取得成功。要想取得像《开心农场》那样的成功，你得遇到非常合适的市场机会，还得选择非常好的主题。你能创造故事，让故事更加生动，但是你创造不出主题本身，农场不是谁创造的，是社会中本来就有的。”郜韶飞说。

不成功的研发经历

在《开心农场》之前，五分钟曾做过三款社交游戏，均以失败告终。2008年6月，五分钟开发出的第一款游戏叫《疯狂皇后》，是根据国际象棋改编的，尽管在大家看来这个游戏“很有趣”，可登录到社交平台后每天只有几百人来玩。为什么人这么少？郜韶飞总结的结论是：“人们不熟悉国际象棋的规则，这个游戏不够大众化。”

总结第一款游戏的教训之后，他们很快又开发出一款叫《爱拼才会赢》的拼图游戏。但问题又出现了，“我们发现它又长不大，不会再有更多人参与进来。”郜韶飞分析出的原因是：“虽然够大众化，但游戏对玩家在线时间要求非常高，必须得跟拼图同步在线，或者一玩就得玩半小时、一小时，而能够花这么多时间来玩游戏的人就不多。玩社交游戏的时间需要缩短，这是吃亏买来的第二个教训。”

紧接着郜韶飞带领团队又开发出第三款游戏《赛车总动员》，这款产品又有新的发展，每天用户量上升到几万人，效果依然不尽如人意。这次的总结是：跟陌生人玩容易形成封闭的圈子，人们关注的重点在于你输我赢，却忽视了跟朋友间的情感交流。

这次，郜韶飞放慢了脚步，有些游戏甚至已经开发到一半还是选择放弃。大概两个月时间，他们没再开发新游戏，而是用心琢磨社交游戏到底该怎么做。那个时候业内流行一个说法是“九天上线一个游戏”，即：三天策划、三天开发、三天测试，然后上线。

“咱们不够标准，比他们用的时间稍长一点，但其实也很短。”前三款游戏压根没赚到钱，尚属纯投入阶段。据郜韶飞回忆，当时没有虚拟道具，一共就赚了几万块钱广告费。

多次失败之后，感觉告诉郜韶飞《开心农场》这款游戏似乎有特别之处。“它足够大众化，人们没种过菜至少吃过菜；玩法的社交感觉更强，我种菜你也种菜，干旱、生虫时邻里间可以互相帮忙，朋友间互动特自然，你根本就不用去设计。”《开心农场》投入市场后比想象中火爆很多，在人人网最高时达到 400 多万次的日登录用户，安装用户达到几千万人。完全摒弃了陌生人之间的互动，《开心农场》只跟好友互动就变得很强。“同学聚会，大家会聊起种菜；有些子女跟父母话题很少，玩了这款游戏之后，大家的共同话题多了起来……”

郜韶飞总结说，开心农场完美诠释了五分钟之前的产品理念。第一，足够大众化，没玩过游戏的玩家也能玩；第二，达到真实好友间的互动；第三，用碎片化的零散时间玩游戏。“五分钟这个词很有意思，它代表了一个不长不短的时间，以短时间为基础才能够实现前两条的游戏理念”，这也是公司取名为“五分钟”游戏的缘由。

2010 年年初，改进版的《开心农场 2》变得复杂起来，在开心网发布时也达到四五十万人的日活跃用户，玩家体验也不错，但郜韶飞后来还是决定放弃对这款游戏的更新。发布《开心农场 2》时，类似偷菜、养牧场、养鱼的社交游戏充斥着市场，这种“类农场”泛滥，用户早已经乏味。郜韶飞不得不承认，就产品本身来说相当棒。“当时添加了一些新功能，因为系统较为复杂，数值设计、系统设计做得不够精巧，有些高级玩家很快透知游戏玩法，再去玩就感觉没有劲儿，这样的话玩家就容易流失。我感觉是经验不足造成的，步子还是迈大了。”郜韶飞依然对这款产品不甚满意。

社交游戏的本质

“在坚持简单性、花费玩家较少时间、保持好友间互动的情况下，得让游戏更加丰满。”这是五分钟团队一贯坚持的。跟社交游戏打交道两三年来，郜韶飞逐步意识到：社交网络很大部分模拟现实生活，社交本身当然也包含跟陌生人之间的互动元素，在这个基础之上，郜韶飞进行更加复杂化的游戏设计。

“游戏肯定要做得越来越丰满，让玩家有更加丰富的体验，但同时还要保证玩家时间的消耗比较少，管理难度较低，接受起来方便，不需要学习很长时间就能学会，”这是郜韶飞的经验总结。“开始我们做游戏的时候做陌生人间的交流不成功，后来又只做好友间的互动，但是现在我觉得更成熟的产品可以把社会化的因素更完整地体现出来，好友之间的互动与陌生人之间的互动方式不同，需要分开处理，能够让它们很好地互动起来，这样玩家的体验就会增强。”在坚持真实好友互动的原则下，郜韶飞开始向陌生人拓展交际空间，让线上的社交网络更趋于现实化。

郜韶飞开始了大胆尝试，他希望选择一个更加新鲜的主题、更加刺激的互动玩法。于是便找到一个原始人主题，在互动玩法上以占领为基础，用户可以发展自己的部落、训练士兵、跟朋友切磋，这款游戏就是《小小战争》。游戏在人人网上做到70多万次的日登录，已经是排名第一。“我们觉得还是挺成功的，尽管用户规模赶不上《开心农场》，起码给社交游戏拓展了更宽的思路。”郜韶飞掩饰不住内心的喜悦。

在此基础上，五分钟又在人人网上发布了类似角色扮演的社交游戏《小小船长》。玩家扮演船长，开一艘船航行，途中有各种各样的任务和故事发生。“《开心农场》和《小小战争》比较接近于经营，但《小小船长》是让你去扮演角色，游戏中每天都有新的剧情向前推进，有悬念在里头。”

据郜韶飞介绍，跟其他游戏对比，《小小船长》游戏制作更精美，美术、音效好，已是一款很完整的游戏，玩家体验更丰富。游戏不再单纯是跟好友间的弱对抗，更把跟陌生人之间的强对抗引入进来，这里更像是一个完整的世界，有好友圈子，也经常会碰到陌生人。

盈利不难，难的是规模化盈利

尽管《开心农场》用户规模很大，但在盈利能力方面却有所欠缺。在此之前，做过三款游戏也未能为公司带来收入，当时公司甚至面临财务困境，是这款农场游戏让五分钟支撑公司发展到50多人规模。拿到融资后，郜韶飞带领团队才做起《小小战争》，获得用户的同时开始盈利。

最初开发《开心农场》时，郜韶飞也考虑这款游戏的盈利能力问题，但最后的做法是“先做游戏，再想收入”。游戏做完之后，再想着设计化肥等道具赚钱，“最早的农场获得收入的方法很简单，收费的扩展空间并不大。整体赚的钱并不多，其实它的效应远远大于它的赚钱能力”。

到了《小小战争》，五分钟前期会有意识地去设计丰富的道具辅助游戏，在收费方面做了很大努力。“如果想要自己发展更快就要花点钱买道具”，他们基本都是利用这种思路设计赚钱的方法。这些尝试，让五分钟明显实现盈利。

不久前上线的《小小船长》除了在产品制作能力上进步很快之外，在盈利方面更近一层，玩家可以对船进行改造，购买装饰物，可以安装大炮跟陌生人对抗，可以通过花钱的方法让你的船变得更强大。“《小小船长》比《小小战争》盈利能力可能还要再上一个数量级。”郜韶飞预估。

“盈利这件事我们其实一直在关心，但是投入的精力还相对比较少。”在郜韶飞看来，社交游戏还没达到规模化赚钱的阶段，他希望看到游戏基础能承载一年十几亿盈利的时候再去尝试更多的游戏形态。

“现在这些游戏还太初级，就算拼命地让这个游戏去挣钱，它能挣多少呢？一年赚几个亿最多了。现在得抓用户、抓产品，得让产品怎么能够更加成熟，然后再去尝试更多的游戏形态，从而能够给自己打开一个更大的游戏空间。盈利并不困难，困难的是实现规模化盈利。”

“我们秉承的是‘知其然并知其所以然’的原则，一个产品放上去莫名其妙就挣钱了？这种事儿可能发生得还不多。多数情况下我们会提前做更多的研究和验证，想清楚为什么这样做后才会把游戏开发出来。我认为一旦找到了更加切实可行、让产品做得更大规模盈利化的方法，我们就一定能够创造更大的产业。”

在郜韶飞看来，社交游戏需要更长时间的积累去扩展更大的空间，就像《征途》游戏一样做到一年几十亿的收入，像《魔兽世界》做到 100 多亿美元。

随着游戏的复杂化，社交游戏开发的准入门槛越来越高。据郜韶飞介绍，以前十多个人做《开心农场》只需要三周，现在二三十人的团队开发一款游戏至少需要半年，上线运营时可能需要四五十人，“接下来，社交游戏跟大型网络没有太大的区别，因为还要考虑社交性、几百万人同时在线玩，所以他会比 Webgame 门槛还要高。”

越是复杂的东西越是不容易被山寨，在郜韶飞看来，这是开发商综合能力的体现，包括运营能力、服务用户的能力、设计收费道具的能力、写故事的能力，还包括怎样让游戏的生命周期尽可能地延长。郜韶飞很想静下心来用一年时间开发一款游戏，“但现在市场环境还不允许，因为不同阶段玩家的需求不同，你得跟着玩家的需求走，若一味地照着理想的模式前进很有可能就失去市场。”但他的判断是，未来的趋势是一年开发一款游戏。郜韶飞越来越不怎么担心山寨抄袭问题了。

郜韶飞现在在公司就做两件事情：一件事是盯产品，研究用户需求；另外就是关注公司的方向和目标设定问题。“比如今年我们到底做什么，是做盈利还是抓用户？该更好地做游戏还是更多地做游戏？”

五分钟团队一直也在坚持做两件事情：第一，坚持做社交游戏，把游戏融入大众化的生活中；第二，坚持原创。在郜韶飞看来，五分钟能做出《开心农场》，是偶然也是必然。“偶然在于说我们做出了它，必然在于说中国人一定能做出好的原创游戏。我们做和别人做其实没有多大区别，既然我们能做出第一款，就应该坚持下去，相信就能做出很多款。”

资料来源：刘岩：《市场营销案例》，2011 年第 10 期。

【案例阅读与思考二】

“李宁”怎么了

对于国内最大的体育服装企业李宁来说，2011 年也许是一个转折之年。借助奥运东风，李宁 2009 年一度超越阿迪达斯，成为中国运动服装品牌仅次于耐克的榜眼。然而地位还没来得及巩固，蓦然回首，阿迪达斯又疾步赶上，本土品牌中最大的竞争对手安踏也正形成全面赶超之势。

2010 年年报显示，尽管李宁公司以 94.79 亿港元的营业额领先于安踏体育的 74.08 亿港元，但在集团盈利方面，安踏 15.51 亿港元远超李宁的 11.08 亿港元；经营净利率方面，安踏的 23.4%也高于李宁的 16.3%；在衡量运营效率的指标方面——平均存货周转天数、平均应收账款周转天数和平均应付账款周转天数，安踏分别为 36、19、36，而李宁则为 52、52、71。市值上，安踏约为 358 亿港元，李宁目前约为 158 亿港元，前者已是后者的两倍多。而在十年之前，当李宁已经成为本土声名遐尔的品牌时，安踏不过是难登大雅之堂、几乎不入法眼的福建草根服装代表。

更坏的消息来自于市场，在同期整体市场增长近 20%的大环境下，李宁创下国内

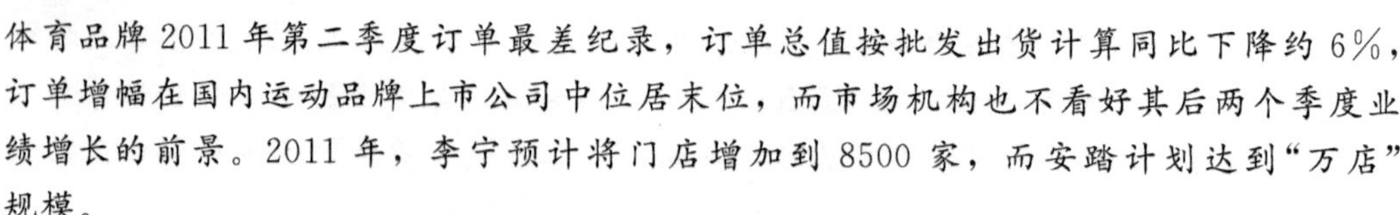

体育品牌2011年第二季度订单最差纪录，订单总值按批发出货计算同比下降约6%，订单增幅在国内运动品牌上市公司中位居末位，而市场机构也不看好其后两个季度业绩增长的前景。2011年，李宁预计将门店增加到8500家，而安踏计划达到“万店”规模。

资本市场似乎对李宁公司的未来业绩越来越失去信心。2010年12月20日，李宁公司股价就因机构大幅减仓而暴跌，一日之内跌去23%，市值蒸发近45亿港元。这是李宁公司自2004年上市以来在资本市场经历的最灰暗的日子。其中，摩根大通以每股18.24港元的价格减持1288.3万股。

2011年3月17日，在李宁公司2010年业绩发布会上，公司行政总裁张志勇预计，2011年李宁公司平均成本将上涨20%，产品售价则将出现两位数增幅。李宁股价又是连续3日大跌，跌幅近15%。截至2011年5月18日，李宁公司股价14.96港元，而不到一年前，李宁股价最高曾逼近30港元。

李宁到底怎么了？

尽管众多的经销商、前高管、业内人士在接受采访时，都几乎一致地认为，李宁是一家优秀的公司，其品牌积淀、战略规划、系统运营乃至公司的规范严谨，都比同期的竞争对手耐克、阿迪达斯更迎合国人的“胃口”，也比后起的追赶者“福建帮”更显档次。但另一方面，受访者又无不一致地认为，它步伐的凌乱、品牌的摇摆乃至在营销上的先天不足，都让人扼腕叹息，怒其不争。

李宁公司自身也可为矛盾交织：一方面它诞生成长于本土，被国人寄予深厚的民族情感；另一方面，它却一直在努力摆脱这种地域品牌的束缚，致力于打造国际化体育运动品牌形象，这对于梦想国际化的中国企业而言是一条无限荣光的路径。然而，在它频频调整起跳方式，试图飞跃国际化的龙门时，我们发现，这家企业似乎总是难以持续，伟大的战略市场悬在半空。

记者历时两个月之久，采访了李宁公司分销商、前高管、运动品牌同行等多人，试图从不同的角度着手，还原一个真实而依旧在路上的李宁。

“我希望李宁公司的人，能够给我个说法，到底是做还是不做了？”2011年5月15日，李宁分销商、广东茂名鸿大体育总经理徐太林在向记者讲述时，依旧愤懑难平。

徐太林的愤懑始于2010年年底李宁的“关店风波”。在2011年第二季度订货会之前，李宁公司一度向媒体透露，因公司决定实施“向价值消费主导”的战略调整，决定关闭业绩不良的500～600家门店。

然而，这一信息很快被解读为，“李宁公司经营不善，被迫以关店求存”。

毫无疑问，作为中国本土运动品牌市场一直领先的优秀公司，李宁正遭受成立以来最大的一场挑战。

传递到徐太林这一级分销商的压力，更多的是一种煎熬。这种压力是多方面的：2010年6月，李宁启动了换标，这次换标在他看来并不成功，因为2011年以来，他的店李宁产品同比销量下降了30%左右。

徐太林属于本次李宁公司整合的分销商之列。从2001年开始经销李宁，10年过去，他所拥有的鸿大体育年销售额已突破1600万元，在茂名市几乎首屈一指。李宁系列产品，占到整个公司销售额的1/4左右。

徐太林对李宁的好感由来已久。当年，他只开了一家面积不到70平方米的小店，一年能销售30万～40万元，这帮他完成了原始积累。迄今，他在茂名已经有了6家店，每家店的面积都在100平方米以上。

他很怀念那个时候的状态。货由李宁总部发出，每隔一个阶段，总部都会有特价产品消息告知，那时负责市场对接的人员，“看起来都很年轻，但非常和气”。徐太林印象深刻的一件事是，有一年他进货，差了一万多元，他试探地向李宁总部求援。随后，货发到，钱先欠着。他觉得李宁公司很够仁义，想一辈子跟定李宁。

但接下来的几年，他感觉并不顺利。

作为一家很早便确立了市场地位的公司，李宁采取的是以独家分销的形式销售产品，即分销商开设“李宁”品牌专卖店，可以同时销售其他品牌产品。经过多年的深耕，李宁在全国拥有超过129家经销商及超过2000家分销商，并有超过7000多家销售点。

2006年，李宁公司决心进行渠道改革。这一年，李宁公司在全国设立了几大片区。不久，华南区经销商广州超速公司跑到茂名来开专卖店，徐太林抗议。李宁华南区经理出面，召集双方协调，最终的处理结果是，超速公司答应不再来茂名开店，不过，前期开店筹备的费用11万元，得由徐太林承担。徐有些想不过，但还是付了，“保住市场比什么都重要”。之后4年相安无事。但徐太林觉得自己经营李宁产品并不容易。作为分销商，他只能在上一级经销商超速公司手上拿货。经销商很强势，通常加价8%～10%左右给货。畅销的产品，经销商通常都在自己的店面销售，而很多时候，他拿不到货，只能眼睁睁地看着经销商赚钱。

由于进价高，徐太林平时根本不敢降价销售，一款产品，他通常只能正价卖掉70%左右，而剩下的30%卖掉才算是自己的利润。但往往货没卖完，李宁的新款接踵上市。其后，他们会被要求迅速清仓。经销商很快会降价，作为下一级的分销商，徐太林陷入两难，不降价，将违反李宁公司必须处理旧货的规定，达不到要求的分销商会被砍掉；降价，眼看着的一点利润荡然无存。即便如此，信息也并不对称。他几乎所有的产品和信息，都来自经销商。产品好卖与不好卖，都卡在经销商那里。他想卖什么与不卖什么，几乎都由经销商决定。

2010年9月，经销商广州超速公司再次来到茂名开店，双方争执不下。徐太林找到李宁华南区办事处，希望讨个公道，得到的答复是，经销商有权利开店。徐不服，找人堵在门口，无果。专卖店开店当日，数十名警察执勤，变成了一场剑拔弩张的对峙。

11月，徐太林到了北京，希望能够到李宁总部讨个说话，然而在李宁公司门口待了许久，没让进门，他觉得有些悲凉：“做了10年的李宁，到头来，居然发现没什么感情。”

现在的格局是，就在他所在李宁店的一条街上，已经开了3家李宁店，另外两家是经销商开的。最近3个月来，他的鸿大公司销售额已经下降了30%。对方的店员经常说：“鸿大的货都是从我们这里拿的。”这让徐太林很受刺激。

徐太林并不想得罪李宁公司，对这个一直与自己相伴的品牌，他自称感情非常复杂。另一方面，李宁公司对经销商的“纵容”，他感觉难以理解，“我们和李宁公司根本无法对话，不知道总部的人知不知道下面的情况?”

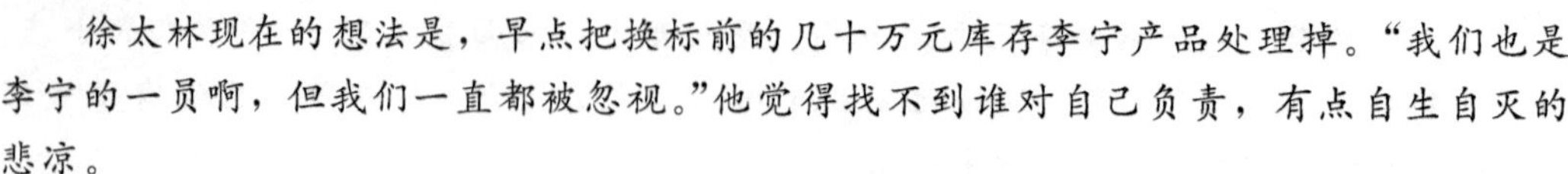

徐太林现在的想法是，早点把换标前的几十万元库存李宁产品处理掉。“我们也是李宁的一员啊，但我们一直都被忽视。”他觉得找不到谁对自己负责，有点自生自灭的悲凉。

“事实上，李宁究竟是一个国际化的品牌还是本土化的品牌，已经非常模糊。”接到记者电话，张庆委婉地表达了自己的不解，“一个优秀的品牌应该清晰地传达给消费者和公众某种印象，但李宁变来变去，已经不是当初的模样。”

张庆有些怀念创业之初的日子，那时他是李宁的首任市场部经理。他1996年进入这家公司，一直干到2001年。离职后，张庆开了一家管理咨询公司，他经常以李宁作为案例，讲李宁公司的发展路径、品牌诉求，当然，也会提到后来的国际化道路。

回忆起当时李宁公司开年会，张庆觉得每个人都非常投入，李宁每次都会亲自参加，他每年在会上的讲话都会作为公司翌年的指导思想和目标，台上台下打成一片，有什么就说什么，完全像一个温暖的家。

“那个时候，李宁公司的形象，是运动服装的国家队，赞助了诸如体操、跳水、射击、乒乓球等很多国家队，事实上，这个定位也非常清晰，因为那一个阶段民族情绪空前高涨，李宁个人的名声犹在。”

张庆当时也觉得很有激情。1997年、1998年，李宁公司销售额已经接近了10亿元。此时，阿迪达斯和耐克这样的巨头，依旧还在中国市场默默地打基础，找感觉。而后崛起的福建运动品牌们，还只是街头巷尾不太上档次的草根产品。

张庆觉得，李宁让其引以为豪的地方，就是他看到了太多的人对李宁公司寄予了一种民族情感，李宁公司无形中代表的是一种国家的形象。

但这些成就在李宁公司内部并不令人满意。“很显然，此时的李宁公司需要给自己找一个更大的目标，以刺激走得太顺而可能导致的惰性或不思进取。”

那段时间，张庆经常到市场中去调研，也思索李宁品牌下一步的方向。而后，他拿出了一个《运动之美、世界共享》的品牌策划方案，“要知道，美是全世界的语言，弘扬运动之美会引起全社会广泛的共鸣，我是做市场调研的，我知道品牌该表达些什么。”

但最终在2000年，时任李宁公司总经理的陈义红提出的是“国际化”的目标，在他看来，李宁多年的徘徊，恰恰是因为品牌号召力不够所致，更多的“需要走出去，发挥更大的作用”。

很快，李宁内部掀起了一股狂热的国家化浪潮，这包括赞助法国体操队等重大手笔，甚至，在卢浮宫附近，还开出了李宁公司的第一家海外专卖店。此时，李宁在电视上的广告，也变成了一个小姑娘，站在巴黎大街上，舞动着漂亮的红丝带。

张庆说，对这样有些突兀的转变，自己一直持保留意见。但对先前“运动服装国家队”的提法，此时在李宁内部，已是另外一种略带些批判的声音。“人们都认为，李宁赞助的射击队、跳水队、乒乓球队、体操队四大国家队，很难起到真正的效果，因为，那个时候，运动员在比赛的时候，是不会穿着李宁的服装上场的。”

2001年，李宁和陈义红分手，后者决定独自经营另一个运动品牌KAPPA，李宁公司总经理一职由陈一手提拔的张志勇接任。

接任之后，张志勇做的第一件事，是请了盖洛普公司为李宁品牌做了一次全面的市场调查。调查结果显示，李宁公司至少存在以下三大问题：首先是目标消费者不清晰；其次，品牌面临被遗忘的危险；最后，品牌的个性不鲜明。

张志勇决定对李宁进行“品牌重塑”，强化李宁运动品牌国际化的形象。重塑的步骤首先是要清退观念陈旧、已经不适应公司发展的老员工们，其次，引入一些更具国际化视野的人才。

持保留意见的张庆逐渐发现，自己慢慢地被边缘化了，其后他被告知负责“品牌公共及品牌资产管理等事宜”，在感受到自己实际权力被削弱后，张庆选择了离职。

虽然离开了李宁，但张庆一直很关心这家公司的发展，他觉得李宁仍有很多不断变好的方面，比如，李宁的研发设计能力、推新品的速度，以及把握潮流的判断能力都有很大的提高，越来越具有国际范儿。但这些东西，并不是一句国际化就能解决得了的。一些最根本的问题，在张庆看来，自始至终都未得到很好的解决。

比如在系统的配合上。李宁采用耐克的轻资产运营模式，公司在北京、中国香港和美国西海岸分别设立创意设计总部，以此提高公司整体的创意设计以及产品研发能力。然而好的产品，在市场上却往往得不到体现。在李宁有非常强的品牌号召力的时候，经销商们却对产品持观望怀疑态度，以至于李宁很多优秀产品通常陷入铺货率不足的境地，而这个问题一直未得到很好的解决。

另外，他对公司签下的“专业”明星运动员的表现也颇有微词。从李铁、奥尼尔、艾文·特纳到伊辛巴耶娃，要么过气、要么缺乏影响力，希望通过明星号召力来提升品牌形象的模式始终难以奏效。为什么匹克这样的二线品牌就可以签下 NBA，而李宁签约却总遭失败？

张庆觉得更痛心的是公司管理人员行事风格的一些变化。李宁公司一度签下的某明星的经济人告诉他，在签约这个问题上，公司内部各部门之间的推诿和争功，让他这个外人感到“不可思议”。

“我很想问问李宁的那帮领导者们，他们有没有从内心里把李宁当作一个放在自己胸口随时记起的品牌？有没有把李宁当作自己的事业？”张庆也有些不解。他觉得，李宁并不缺乏远大的定位和愿景，缺乏的是一种执着的精神和坚持的勇气。另外，从他的语气中，明显地感觉到对李宁公司充满感情。李宁一直期望在运动品牌上“更加专业”，犹如耐克在篮球、阿迪达斯在足球上的表现。

2007 年，43 岁的台湾人乐淑钰空降李宁，出任品牌总经理一职。如何将专业与时尚两个元素相融合，成为乐淑钰急需解决的问题。乐之前是广州中威日用品企业有限公司的副总经理，有丰富的运营时尚品牌的经验。

此前一年，老李宁人陈义红携 KAPPA 席卷整个运动品牌市场，在一股时尚、前卫、大胆的服装风潮冲击下，李宁公司意识到，必须做出改变。李宁公司对消费者做了一次市场调查，报告显示，李宁品牌实际消费人群与目标消费人群相比，有了一定偏移，整体年龄偏大，35～40 岁的人群超过 50%。而被张志勇视为新一代创造者、13～26岁的主要目标人群，往往觉得李宁不够“酷”。

空降后，乐淑钰旋即开始在李宁内部掀起了一场时尚概念的洗脑运动，着手对李宁的整体设计进行整合。更多的设计师辞职事件开始发生——他们的设计被斥为“太垃圾”，空出来的职位则被来自跨国公司的设计师填补——新任首席设计师来自耐克。

乐淑钰成为李宁公司内部最受争议的一个人物。

一个比较流行的段子是，在一次“头脑风暴”会上，乐淑钰命令员工一个接一个声嘶力竭地大喊“我们一定能成功”。喊得最卖力的一位小姑娘，当场得到了1000元奖励。“场面很像传销的洗脑会！”这些被规定为必需的表演性质的工作方式，事实上令员工难以接受。同样被要求还有，每天到一定时间，公司所有的人都要停下手中的工作，跟着节奏做广播体操。这种方式据称来自于耐克，目的是为了弘扬运动精神。

但一年之后，备受争议的乐淑钰挂职而去。有人认为这是时尚和专业两种文化冲突的必然结果。乐淑钰被认为是一切问题的制造者，因为她太张扬，太激进。

2010年，在离开李宁四年后，乐淑钰才对此做出了回应，“其实，我不是时尚的推行者，相反，当年我是李宁品牌体育专业的推行者。我刚到李宁公司的时候，发现很多产品做得不够‘专业’，专业产品没有专业功能诉求，时尚产品没有时尚感。”

乐淑钰表示，当时面对专业和时尚进行突破的需求都很迫切，她一直在用专业和时尚两条腿走路，“只不过，时尚的东西更容易被人关注，少数人因不够了解实情而刻意偏颇、反对。”

离开李宁后的乐淑钰和朋友创办了一家管理咨询机构，做了许多年职业经理人的她称，“只是想换个角度看世界，并重新审视服装行业。”

乐淑钰离开后，李宁公司并未放弃之前的时尚路线。相反，增强了时尚元素的推进力度，并在尝试中赢得了更多的市场份额。实践证明，时尚和专业路线并不是对立的。乐淑钰感觉自己“被误解”，也“被误读”。

李宁的品牌重心又很快转移。

2010年6月30日，在经过三年磨一剑后，李宁公司又开始推出了经过改良的新LOGO，新LOGO以李宁鞍马的交叉为灵感。换标发布会上，旗帜鲜明地表明了新李宁的态度，“李宁需要赢得更多“90后”的支持”，维系十年的“一切皆有可能”的口号也变成了“Make the change”(让改变发生)。

换标之后，李宁品牌宣称将重点放在了一线城市，在北京、上海、广州、深圳等地开设70家第六代旗舰店，与耐克等国际品牌展开正面争夺。

这一切似乎并没有得到更多人的认同，“一会儿是运动服装国家队，一会儿是国际化，一会儿是时尚，一会儿是“90后”，搞不懂李宁到底想要做什么！”一位业内人士一针见血地指出。

而李宁寄予厚望的年轻消费者视角更为独特，“那个标志还不如以前的好看，像个山寨品牌。”一位“90后”如是评价。

事实上，李宁从不缺乏创新的精神和主动应变的决心，不过其任一方向，似乎都从未真正坚持超过四年。而在公众眼里，这种多变和摇摆，有些缺乏稳定，也有些令人不安。

尽管合作伙伴和管理人员在更替，但李宁的国际化道路并没有停止。

张志勇给李宁的国际化定的标准是：海外部分的收入达到20%以上，李宁的国际化道路才可以称得上成功——目前李宁的海外贡献率还不到5%。而有行业专家指出，漫长的成长距离，让李宁随时可能陷入国内失守、国际化还未成功的两难境地。

但张志勇表示下一个20年，李宁公司不仅要做中国市场的老大，还要成为世界体育用品市场的前五名。另一种未经证实的说法是，张志勇本人早有隐退的打算，只是一时没有找到合适的接替者，“他一直很累”。

事实上，这几年，运动品牌的竞争早已白热化。以安踏、特步、匹克为首的“福建帮”异军突起，他们以秋风扫落叶的草根精神，用专卖店的方式，迅速地完成了对原先李宁重要的二三线市场的覆盖。安踏等门店操作灵活，以鞋类为例，他们价格通常在250元以下的区间，且门店大多为总部直接管理，能迅速对市场做出反应。李宁的每双鞋平均比安踏贵35%左右。

而在一线城市，在耐克、阿迪达斯的强大压力下，李宁也避免不了一场正面战。李宁的价格通常比阿迪达斯、耐克低10%左右，在一线城市，李宁的品牌影响力和10%的价格差，通常是一个尴尬的界限。

但国际品牌的应对比人们预想的要快得多。李宁新的品牌策略发布后不久，以耐克为例，这个国际品牌已放下身价，开始下沉到二三线城市。2010年8月，耐克推出的300元低价鞋，较目前的售价下调25%。调查显示，目前中国二三线城市，市场最容易接受的鞋类定价在170～300元之间，而作为国际品牌，耐克定价300元，仍然会吸引追逐品牌的“90后”一代，这恰好是李宁的目标消费群体。

徐太林得到的消息是，公司正在酝酿下一轮的涨价。而这传达出的信息是，对这轮换标后的新国际化战略，年轻的李宁公司朝着高端专业运动品牌挺进的决心似乎会坚持到底。

一位不愿意透露姓名、并表示自己同样深受压力的河北分销商说：“我们都认为李宁是本土品牌的老大，所以我们才选择相信它。只是，不知道为什么，他一再地追求创新和改变，也付出了不少的代价和努力，却始终未能达到预想的效果。”

资料来源：鲁渝华：《市场营销案例》，2011年第9期。

【案例阅读与思考三】

百思买为何水土不服

2011年2月22日，百思买(Best Buy)宣布将关闭在中国大陆的9家门店，并同时关闭其在上海的零售总部。从2003年在上海设立代表处负责采购中国厂商的产品开始，到2006年12月26日在上海徐家汇揭开首家门店的面纱，再到今天的关门离去，百思买跌跌撞撞几年下来，终究还是没有适应中国的市场和环境，最终选择了关门走人。

在北美，百思买被称为极富创新精神的企业。其首创了“大型家电专业店＋连锁经营”模式，在门店中设计开放式柜台，所有产品按品类陈列，建立互动数码娱乐体验中心，自雇促销员。而其独创的“顾客中心战略”，更是一举将当时美国家电销售商电路城(Circuit City)赶下霸主宝座。百思买主营消费电子、家居办公用品，14万多名员工遍及全球。2009年，在金融危机的当口，这个全球最大的电器零售巨头更是逆市上扬，创下了销售额450亿美元的新高，2010年又达到496.9亿多美元，在《财富》500强中排名第142位，2011年排名又上升到了第47位。

在北美以及其他发达国家或地区获得如此成功的百思买，因何在中国市场上水土不服以至于短短几年时间便抽身离去呢？归纳起来大致有以下几个主要原因。

百思买的完全自营模式

百思买采取的是完全自营模式，现货现款，从供应商购买产品之后，自己组织销售，所有的导购员、促销员以及其他的服务人员都是百思买的员工，都由百思买来买单。这样的模式可以使百思买有100%的决策权，但也导致了如下结果。

1. 运营成本高

完全自营，店铺装修成本、员工支出成本以及现款现货的采购方式占用了大量的资金，成本居高不下。店内的商品陈列格局更多考虑的是顾客的体验，面积宽大，摆放密度低，店铺的使用成本高。所有这些成本都会转嫁到产品身上，导致产品的售价升高。与国内目前家电销售通用的渠道企业出租场地，厂商派驻促销员，售后再向厂商付款，而且大量挤占挪用厂商付款，大比例返利扣点模式相比，自然没有成本优势。

2. 采购缺乏价格谈判能力

直到百思买关张，其在中国四年多的时间仅有9家店铺开张，而在同一个期，国美有350家新门店开业，苏宁新开了421家门店，与他们动辄上百亿的采购大单相比，百思买的采购规模实在太小，对厂商而言，百思买这样一个渠道，更多的是象征意义：国外知名的渠道商也销售我们的产品。所以，供应商缺乏积极性，百思买缺乏和厂商讨价还价的能力，采购价格不占优势。

3. 供应商不满意

在国内现有渠道模式下，渠道商分割出租场地，按照厂商位置选择、面积要求等提供给厂商陈列产品，向厂商索要相应的费用。而在百思买模式下，厂商仅作为百思买的售后服务商，没有权利决定商品的陈列方式和占地规模。同时，大量品牌的同时存在，以及百思买自由品牌之间事实上客观竞争，促销和导购人员对商品的一视同仁的态度和介绍，与现有的厂商各自雇佣促销人员“太热情地卖力吆喝”，甚至不惜“诋毁别人、抬高自己”做法相比，厂商对百思买的“淡化厂商品牌、强化卖场品牌”的做法也不买账。

同质化产品的体验营销

百思买强调的“以客户为中心”，除了为消费者提供体验和试用服务之外，更要求针对客户不同的生活方式和爱好提供相应的个性化服务。从2005年开始，百思买就着手将门店转型为“以顾客为中心”的模式。这种模式强调的是关注每位顾客的个性化选择，满足购买全过程的需求，并且极力鼓舞员工为顾客提供更好的个性化服务，为顾客和员工创造更好的店内体验。为了这种更好的店内体验，百思买注重对购物环境的营造，在平板电视的销售区摆放着豪华沙发，让消费者真正体验到在家里使用超大屏幕电视的感受；在手机销售区配置了照片打印设备，使顾客能够马上看到手机拍摄的效果。百思买为了方便消费者挑选，把商品按品种陈列。这里的数码类产品，全部用真机提供给消费者自由体验。这里没有凌乱的广告，购物环境整洁、大方，使消费者愿意花时间在店里挑选商品。在北美，百思买就是以这种高端路线赢得了市场，通过“体验式营销”找到高端客户，通过为高端客户提供收费服务拓展了巨大的利润空间。

这样的体验过程，使顾客更真实地感受到产品的实际效果。但是，无论百思买还是国美、苏宁，这些家电渠道所销售的商品基本一致，且大部分是产自中国的商品。对于大多数顾客来讲，同质的商品，价格是最重要的吸引要素，价格是最敏感的。由于百思买的完全自营模式，前期较大的投入要求有更高的利润率来支撑，因此，百思买在价格上毫无优势可言，面对供过于求的国内家电市场，顾客自然不买账。

对于中国市场的研究表明，中国的高端顾客更倾向于国际知名品牌，尤其是高端的进口品牌，追求奢侈豪华，注重“面子”文化，这一点百思买也没能为这些高端客户提供这些产品。比如国际上的抢手产品 iPhone、iPad 等，在百思买门店也并没有敞开供应，从而也没有体现出百思买的高端定位，而只是形成了一种价格高端的现实。因此有的顾客采取了在百思买看样机，享受店员提供的解说和演示，还有实际的使用体验，然后出门上附近的其他家电卖场砍价拿货的做法。这种同质化产品的体验营销的结果是只给了顾客体验，并没有拿到顾客的订单，无形中为竞争对手做了售前营销工作。所以，在中国大陆市场上百思买高端定位非常尴尬，高端产品没有跟上，高端顾客数量少之又少，体验营销则更像是“为他人作嫁衣裳”。

顾客原因

顾客是产品的最终付费者，是价值链的最后一环。随着全球经济的不断变化，金融危机、就业艰难、通货膨胀等；同时，信息技术的发达，信息的低成本广泛传播，全社会知识水平不断提高，在这样的一个大背景下，顾客的消费理性将不断提高。近几年有关消费的研究均明确提出一个共同结论，消费者消费行为将更加趋于理性和谨慎；消费量会一定程度减少；消费者对价格的敏感度超过以往经济繁荣时期。在这样一个逻辑前提下，企业应将其营销重点放在提升产品和服务的质量，并进行价格的适当削弱，以迎合对价格更敏感的消费者，这样才能保证企业获得营销绩效。中国市场对价格的敏感程度是百思买无法想象的，百思买中国区总裁宋大卫曾经感叹：我从未在价格如此敏感的市场上工作过。面对对价格如此敏感的顾客，百思买却一直在定位“中高端”和“加入价格战”之间徘徊，不愿意放下身段迎合顾客价格的需求，靠价格竞争，自身的经营业绩必然不会好。

另外，中国目前的商业环境还不成熟。一个成熟的商业环境不仅要有成熟的市场机制和制度，最终要的是成熟的顾客。一般成熟的顾客在消费过程中注重节俭、讲究实用，计划多于盲目、理智胜于冲动，有主见，具有很高的品牌忠诚度。当前我国还处在经济相对不发达阶段，收入水平不是很高，对于家电类产品还停留在生活必需品的阶段，还没有上升到奢侈享受的境界。因此，顾客更关注价格，采购行为往往具有短期性，对“延保”服务往往不购买，对产品使用期限也往往几年就满足了，当然这和我国当前整个社会的大文化有很大关系。

百思买的关张，给我们留下的是宝贵的教训和启示。

1. 高端路线要清晰

高端路线实际上是定位于特殊的顾客群体，为他们提供个性化的服务。百思买的高端定位的失败，实际上是产品和客户的脱节，没有弄清楚高端顾客的要求，也没有弄清楚家电产品的客户是谁。因此，定位于高端的企业或者组织一定要首先清楚自己要提供的产品或者服务是什么，具体的顾客是谁。结合自身的优势和企业市场、技术等的发展方向，明确自身高端路线的产品或者服务，找准顾客。

2. 要结合本土文化

“天才的成长需要天才的泥土”。中国市场的特点是关注短期、强烈的价格敏感性，家电渠道要想在中国市场上分得一杯羹，就必须承认中国市场的这些特点。世界汽车巨头为了迎合中国消费者爱面子、喜欢宽大汽车、喜欢豪华内饰的特点，纷纷采取拉长轴距、加装真皮座椅等举措来迎合消费者，取得了很好的效果。要嫁接国际成熟的消费文化，还要结合本土的现有文化。

3. 渠道自有品牌的定位

销售渠道有自己的自有品牌是国际上成熟的做法。在中国的超市等渠道中，自有的一些品牌产品，包括食品、日用品等，都比同类型的进驻品牌价格要低，以期获得顾客的品牌认同，或者是一种辅助的促销手段。对于耐用家电产品而言，渠道的自有品牌该如何定位，价格是高是低，这些都是应该认真思考和研究的问题。百思买的在华自有品牌影雅(Insignia)，迪耐斯(Dynex)，箭鱼(Rocketfish)和 Init，是作为现有品牌的替代品，升级品还是补缺产品或者是进口产品等，都没有搞清楚。定位上的混乱，自然也不会产生盈利能力。至少目前国内的渠道商自有品牌产品数量和销量还远没有实际意义。

百思买关张，固然是有自身的原因、顾客的原因，但是否说明了我国现有家电的销售模式就是正确的，是符合市场发展规律的？顾客在百思买体验，然后到周边的其他渠道砍价拿货，的确使百思买营销效果大打折扣，而如今，随着网上购物的流行，网上售价更低，许多买者也开始到现有的渠道看货，然后回家到网上下订单，电子商务的挑战也在不断加剧。毫无疑问，渠道要想做好，还是要坚持自身优势，结合本土文化，寻找自己的细分市场，不仅仅是满足需求，还要引导顾客需求。

资料来源：邹仲海：《市场营销案例》，2011 年第 11 期。